주님의 임재를 경험하는 길

정원 지음

주님의 임재를 경험하는 길

A Road to The Presence of God

정원 지음

영성의 숲

서 문

주님을 경험하고 더 깊이 알고싶은 것은
우리 모든 그리스도인들의 소원입니다.
우리는 그 어떤 거창한 이론과 지식보다
그저 단순하게
그분을 좀 더 가까이 만나게 되기를 원합니다.

왜냐하면 그분은 모든 아름다움과 선한 열매 자체이시며
그분을 가까이 만나게 될 때
우리의 모든 것들은 바뀌어지기 때문입니다.

주님을 좀 더 쉽게 가까이 경험할 수 있도록
단순하고 쉬운 방법들을 정리해보았습니다.
여기에 등장하는 방법들은 아주 쉬운 것들이지만
꾸준히 이것들을 실행해보면
당신은 어떤 변화들을 경험할 수 있을 것입니다.
이 글이 당신이 주님께 가까이 나아가는 데
선한 기여를 할 수 있기를 바랍니다.

    2001. 6.   정원 드림.

목 차

제 1장 삶의 중심 13

1. 주의 이름을 부르십시오. / 15
2. 주님을 그리워 하십시오. / 16
3. 주님과 사랑에 빠지십시오. / 17
4. 끊임없이 주님을 의식하십시오. / 18
5. 마음과 눈을 주님께 두십시오. / 19
6. 주님의 눈으로 자신을 보십시오. / 20
7. 주님의 사랑을 받아들이십시오. / 23
8. 오직 주님의 임재를 구하십시오. / 25

제 2장 기다림 29

9. 기다리는 기도를 드리십시오. / 31
10. 묻는 기도를 드리십시오. / 33
11. 양심의 소리를 들으십시오. / 36
12. 환경의 소리를 들으십시오. / 40
13. 몸의 소리를 들으십시오. / 43
14. 영혼과 대화를 나누십시오. / 46
15. 영혼의 소리를 들으십시오. / 50
16. 주님과 함께 그저 가만히 있으십시오. / 55

제 3장 생활 속의 기도 59

17. 아침에 깨자 마자 주님을 부르십시오.   / 61
18. 주님의 작품들을 보십시오.   / 62
19. 주님의 통로가 되기를 구하십시오.   / 64
20. 자신의 변화된 모습을 상상하십시오.   / 65
21. 외로울 때 주님을 붙드십시오.   / 67
22. 자연 속에서 주님을 경험하십시오.   / 69
23. 영적인 독서를 통하여 주님을 얻으십시오.   / 71
24. 사소한 일상의 삶에서 주님과 대화를 나누십시오.   / 75
25. 주님께 영광을 돌리십시오.   / 78
26. 모든 것이 주의 것임을 고백하십시오.   / 80
27. 주님과 함께 주무십시오.   / 84
28. 꿈속에서 주님을 만나십시오.   / 86
29. 가장 고통스러운 순간에 주님을 찬양하십시오.   / 89
30. 눈을 뜨고 기도하십시오.   / 92
31. 가장 바쁠 때 주님을 찾으십시오.   / 94
32. 모든 삶에서 주님의 메시지를 받으십시오.   / 97
33. 고통의 느낌에 예민해지십시오.   / 99
34. 눈에 보이는 모든 것으로 인하여 주님을 찬양하십시오./103

제 4장 고요함 **107**

35. 긴장을 푸십시오. / 109
36. 고요한 마음을 훈련하십시오. / 112
37. 고요함 속에 머무십시오. / 113
38. 모든 동작을 정지하십시오. / 118
39. 안식하십시오. / 122

제 5장 움직임 **129**

40. 기름부음을 따라 말하십시오. / 131
41. 기름부음을 따라 행동하십시오. / 134
42. 불안할 때 움직이지 마십시오. / 138
43. 천천히 말하십시오. / 140
44. 무익한 말을 조심하십시오. / 142
45. 바깥 일에 너무 흥분하지 마십시오. / 144

제 6장 영의 표현 **147**

46. 방언 기도를 드리십시오. / 149
47. 영의 춤을 추십시오. / 151
48. 발성 기도를 드리십시오. / 154
49. 공 기도는 제발 좀 짧게 하십시오. / 156
50. 주님 앞에서 한숨을 쉬십시오. / 158

51. 당신의 믿음을 고백하십시오. / 160
52. 주님의 영광을 외치십시오. / 162
53. 낮은 목소리를 사용하십시오. / 165
54. 높은 목소리를 사용하십시오. / 167
55. 부르짖는 기도를 드리십시오. / 170
56. 처음에는 낮은 소리로 부르짖어야 합니다. / 174
57. 방언을 통역하십시오. / 178
58. 방언으로 찬양을 드리십시오. / 180

제 7장 사역 183

59. 주님을 나누어주십시오. / 185
60. 주님을 증거하십시오. / 187
61. 기도 사역을 받으십시오. / 189
62. 기도 사역을 서로 나누십시오. / 192
63. 마음이 상한 사람을 서로 격려해주십시오. / 195
64. 기도 사역을 하십시오. / 197

제 8장 관계 201

65. 육적인 교제를 멀리 하십시오. / 203
66. 어린아이들을 바라보십시오. / 206
67. 사람들에게 친절하게 대하십시오. / 207
68. 사람을 통하여 주님의 음성을 들으십시오. / 209
69. 모든 사람 속에 계신 주님을 발견하십시오. / 211
70. 사람들을 축복해주십시오. / 213
71. 주님의 임재를 함께 나누십시오. / 215

제 9장 마음 219

72. 부정적인 감정을 내려놓으십시오. / 221
73. 당신의 감정을 주님께 토하십시오. / 224
74. 주님 앞에서 우십시오. / 227
75. 주님께 위로를 받으십시오. / 230
76. 주님의 인간 되심을 인식하십시오. / 233
77. 공감의 기도를 드리십시오. / 235
78. 주님을 위로하십시오. / 238
79. 주님의 고독에 참예하십시오. / 240

제 10장 다양한 기도의 방법들 245

80. 주님의 손을 잡으십시오. / 247
81. 빛을 상상하십시오. / 249
82. 몸에 기름부음을 받으십시오. / 250
83. 영적인 에너지를 받으십시오. / 252
84. 주님을 마시십시오. / 255
85. 주님의 보혈을 적용하십시오. / 256
86. 말씀 속으로 들어가십시오. / 259
87. 기도 의자를 사용하십시오. / 262
88. 상상 속에서 주님과 함께 걸으십시오. / 266
89. 기도 노트를 사용하십시오. / 268
90. 기도 편지를 드리십시오. / 271
91. 가끔 금식하십시오. / 274
92. 악한 영들을 대적하십시오. / 277
93. 머리에 빛을 받으십시오. / 280
94. 누워서 기도하십시오. / 283
95. 배의 기도를 드리십시오. / 286
96. 심장 기도를 드리십시오. / 289
97. 머리의 기도를 드리십시오. / 293
98. 배에 불을 받으십시오. / 299
99. 가슴에 바람을 받으십시오. / 301
100. 눈에 빛을 받으십시오. / 303

　　마지막 권면

제 1장   삶의 중심

주님의 임재를 가까이 경험하기 위해서
우리는 주님을 삶의 중심에 두어야 합니다.
오직 중심으로 그분을 그리워하며
사모하고 추구해야 합니다.
우리의 중심이 그 분께 있는 만큼
주님은 우리에게 가까이 임하실 수 있습니다.

1. 주의 이름을 부르십시오.

이 세상에서 가장 아름다운 기도는
주의 이름을 부르는 기도입니다.
이 세상에서 가장 아름다운 언어가
아기가 엄마를 부르는 것이듯이
그리고 그 언어가 엄마에게 가장 감동을 주어
아기에게 오게 하듯이
주의 이름을 부르는 기도는
주님의 마음을 감동시킵니다.
그리하여 우리의 곁에 오게 합니다.
주의 이름을 부를 때
그분은 믿기 어려울 정도로 가까이 오십니다.
주를 부르는 자는 그것을 느낄 수 있습니다.

아침에 자리에서 잠이 깨었을 때
조용히 주의 이름을 부르십시오.
그것은 행복한 하루를 시작할 수 있는
가장 아름다운 방법입니다.

2. 주님을 그리워하십시오.

주님을 그리워하는 것은
진정한 축복입니다.
당신이 그분을 그리워할수록
그분은 당신 가까이 오십니다.
영계는 애정으로 구성되어 있으며
그분을 사모하는 것 외에는
그분을 가까이 끌어당기는 것이 없습니다.

당신이 그분을 그리워할수록
당신은 그분을 알게 됩니다.
그리고
아주 오래 전부터
그분이 먼저
당신을 그리워했다는 사실을
알게 되는 것입니다.

3. 주님과 사랑에 빠지십시오.

당신이 주님과 사랑에 빠지지 않았다면
아직 당신은 주님이 어떤 분인지 모르는 것입니다.

당신이 여러 가지의 필요로 인하여 괴로워 하지만
주님 그분 자신을 얻기 위하여 고통하지 않는다면
당신은 아직 그분이 누구인지 모르는 것입니다.

주님은 너무나 아름답고 사랑스러운 분이며
만약 당신이 그분을 조금이라도 접촉했다면
당신은 그분을 사랑하지 않고는
견딜 수가 없는 것입니다.

당신은 그분의 선물이 아니라
그분 자신이 그리워서 견딜 수가 없습니다.
당신은 당신 자신의 기쁨이 아니라
그분을 기쁘시게 하고 싶어서
견딜 수가 없는 것입니다.
그분을 경험할 때
당신은 이 말의 의미를 알게 될 것입니다.

4. 끊임없이 주님을 의식하십시오.

주님을 끊임없이 의식하십시오.
길을 걸을 때나 차안에 있을 때나 대화 중에도
할 수 있는 한 주님을 의식하십시오.

당신은 그것이 불가능하다고 생각할지 모르지만
막상 시도해보면
그것이 그렇게 어려운 일이 아니며
오히려 그러한 주님에 대한 의식이
당신의 삶에 큰 힘이 되는 것을 느끼게 될 것입니다.

주님을 의식하면서 대화하는 습관을 들이게 된다면
당신은 많은 의미 없는 이야기들에서 해방되게 되며
당신의 교제와 대화 속에서도
주님의 임재가 흐르는 것을 경험하게 될 것입니다.

5. 마음과 눈을 주님께 두십시오.

어린 소년이 할아버지에게 말했습니다.
"할아버지. 정말 하나님이 계셔요?
그리고 하나님이 보이나요?
어떻게 하면 하나님을 볼 수 있나요?"
할아버지는 부드러운 미소를 띠며 대답했습니다.
"애야. 나는 하나님 외에는 아무 것도 보이지 않는단다."

당신의 마음을, 당신의 눈을 주님께 두십시오.
당신은 모든 것에서 모든 순간에 주님을 누리게 되며
세상의 그 어떤 것도
당신을 지배하지 못하게 될 것입니다.

6. 주님의 눈으로 자신을 보십시오.

주님은 시몬을 보시고 그에게 베드로, 즉 반석이라는 이름을 붙여주셨습니다.
아마 당신이라면 시몬에게 반석이라고 이름을 붙이지는 않을 것입니다.
왜냐하면 그 이름은 정말 시몬에게 어울리지 않는 이름이었기 때문입니다.

아마 이 세상에서 반석이라는 이름에 가장 어울리지 않는 사람이 있다면 그가 바로 시몬이었을 것입니다.
그는 정말 충동적이고 여유가 없는 사람이었습니다.
그는 무슨 일이든 깊이 생각하지 않고 항상 급하게 반응했으며 그로 인하여 주님께 칭찬도 들었지만 동시에 꾸짖음도 여러 번 받았습니다.
그는 정말 반석과는 상관이 없는 사람이었습니다.

그러나 주님은 그를 반석으로 보셨고 그는 결국 변화되어 초대 교회의 반석과 같은 역할을 감당할 수 있었습니다.
가장 불안정한 베드로를 반석으로 보시는 것 -
그것이 바로 주님의 관점입니다.
주님은 우리를, 당신을 그러한 관점으로 보십니다.

우리가 주님께 가까이 나아가기 위해서
우리는 우리를 향한 주님의 시각을 발견해야 합니다.
주님이 우리를 어떻게 보고 계시는지
발견해야 합니다.

그리고 주님이 우리를 보시는 바로 그 눈으로
자신을 보십시오.
그분은 우리를 보며 아름답다고 말씀하십니다.
귀한 존재라고 말씀하십니다.
우리는 죄책감으로 가득하여 자신을 바라볼지 모르지만
주님은 흠이 없고 성결한 아름다운 존재로 우리를 인정하시고 바라보십니다.

더 이상 당신의 시각으로 자신을 판단하지 마십시오.
더 이상 당신의 어두운 관점으로 스스로를 비하하지 마십시오.
그것은 믿음이 아니며
결코 주님을 기쁘시게 하지 못합니다.
자학은 일종의 자기 의이며
그것으로는 결코 변화된 삶을 살지 못합니다.

주님의 눈으로 자신을 보고
진정 자신을 사랑할 수 있을 때

당신은 다른 이들을 진정으로 사랑할 수 있을 것입니다.
그리고
주님이 당신을 그렇게 보신 것처럼
당신도 악하다고 알려진 사람들에게서
아름다움과 선함과 사랑을
발견할 수 있을 것입니다.
주님의 눈은 당신을 바꾸며
또한 모든 것을 바꾸어 놓는 것입니다.

7. 주님의 사랑을 받아들이십시오.

우리는 항상 조건 속에서 살아왔습니다.
성공하기 위해서 열심히 노력해야 하며
사랑받기 위해서는 이쁜 짓을 해야한다고 배워왔습니다.
그래서 우리는 주님께 사랑받기 위하여 아주 열심히 노력합니다.
사랑하고 감사하며 아름답게 살기 위해서 애를 씁니다.
죄를 끊고 의로운 삶을 살기 위해서 노력합니다.

그러나 그것은 아름다운 일이지만 순서가 틀렸습니다.
그것은 당신을 변화시키지 못하며 당신의 삶에 참다운 안식을 주지 못합니다.

주님의 사랑에는 조건이 없습니다.
그분은 우리의 열심 때문이 아니라
우리의 아름다움과 선함 때문이 아니라
그분의 성품 때문에 우리를 사랑하십니다.
그분의 의로우심 때문에 우리를 받아주십니다.
우리가 악해도, 더러워도, 이기적이어도, 못 됐어도
주님은 우리를 사랑하시며
그것은 그분의 성품입니다.

주님께 가까이 나아가기 위해서
그분의 사랑을 받아들이십시오.
아무 조건이 없이
있는 그대로 당신을 받아주시는
주님의 사랑을 받아들이십시오.
아무도 당신을 인정하지 않을지라도
그분은 당신을 사랑하시고 받아주십니다.

가깝고 친밀한 만남을 위하여
우리는 상대방의 선물을 받아들여야 합니다.
상대의 마음을 알아주어야 합니다.

주님의 마음을 아십시오.
그분의 사랑을 받아들이십시오.
진정 그분의 의도를 오해하지 않고 받아들일 때
당신은 진정 주님의 사랑을 느끼게 될 것이며
그분의 은혜와 임재 속에서 새롭게 변화되어 갈 것입니다.

그분을 알기 위해서
그분의 사랑을 받아들이십시오.
그것은 천국의 시작이며
변화의 시작이며
행복의 시작입니다.

8. 오직 주님의 임재를 구하십시오.

주님의 임재는 하나님의 현존을 말하는 것입니다.
그 어느 누구든 주님의 실제적인 가까운 영광을 맛보게 되면 그보다 더 아름답고 놀라운 경험이 세상에 없다는 것을 알게 됩니다.

많은 사람들은 하나님을 두려워하고 어렵게 느낍니다.
그러나 주님의 임재를 경험하고 나면
그분이 얼마나 사랑으로 가득하며
생명과 평강으로 충만한 분이신지 알게 됩니다.
그리고 나서는 그 주님과 떨어져 있지 않기만을
간절하게 구하게 됩니다.
왜냐하면 그 놀라운 사랑과 압도적인 평강의 흐름을 체험하고 나면 이 세상의 그 모든 것들이 너무나 하찮고 부질없는 것인지를 깨닫게 되기 때문입니다.

그 분의 영광을 체험하고 나면
우리는 우리가 여태껏 얼마나 평안을 모르고
불안과 두려움 가운데 살았으며
얼마나 사랑을 알지 못하고 미움과 분노와 적개심 속에서 살았었는지를 알게 됩니다.

그러므로 다시는 그 예전의 삶으로 돌아가고 싶지 않고
지속적으로 그 평화로움과 아름다움으로 가득 찬 삶에서
벗어나기 싫어서 애쓰게 되는 것입니다.

사람들은 주님으로부터 천벌을 받을까봐 몹시 두려워합니다.
그러나 가장 무서운 징계는
주님께서 그분의 낯을 가리우시는 것입니다.
그분과 분리되는 것입니다.
그분이 우리에게서 멀리 떨어지는 것 -
그것만이 가장 무서운 재앙인 것입니다.

우리가 그분을 미워하고 죄를 즐거워할 때
그분은 우리에게 오실 수가 없습니다.
그 결과 우리는
평안과 사랑과 기쁨과 생기를 잃어버리게 되고
바로 그것이 가장 무서운 재앙인 것입니다.

오직 주님의 임재를 구하십시오.
우리에게는 많은 진리, 많은 깨달음보다
오직 주님의 임재가 필요합니다.
그저 잠깐 동안
주님이 우리 옆에 계시면
그분이 아주 가까이 우리에게 임하시고

우리를 만지신다면
우리는 변화됩니다.
아주 쉬운 진리들
너무나 잘 알고 있고
심지어 우리가 많이 가르쳐왔었던 것들
그것들이 갑자기 우리 안에서
활활 타오르기 시작합니다.

오직 주님의 임재를 구하십시오.
낮이나 밤이나
오직 주님의 임재를 구하십시오.
그분의 이름을 간절히 부르고 또 부르십시오.
주님을 사모하여 그를 구하지 않는 이는
비참한 사람이며
가장 아름답고 귀한 것이 무엇인지 모르는 사람입니다.

그 주의 영광에 사로잡히도록
당신의 마음을 주님께 드리십시오.
그분을 얻기 위해서라면
그 어떤 대가도 치르겠다고 고백하십시오.
당신의 고백과 열망이 진실이라면
그분은 당신에게 가까이 오실 것입니다.
침상이든 사무실이든

당신의 방이든 교회든
그 어디서든
당신이 혼자 있을 때
그분은 가까이 오십니다.

당신은 그것을 알 수 있으며
당신은 변화되기 시작합니다.
그 행복과 기쁨은
말로 표현할 수 있는 것이 아닙니다.
그 주님을 누리게 될 때
당신은 이제 더 이상 다른 것을 구하지 않을 것입니다.

그리고 오직 주님의 소유가 되고
그분의 종이 되는 것 외에는
아무런 소원도 가지지 않게 될 것입니다.
왜냐하면
그분은
그렇게 놀라운 분이시기 때문입니다.

제 2장　기다림

믿음이란 교제이며
사랑의 주님과 함께 나누는 대화입니다.
말하고 듣고...
주님과 같이 나누는 사랑의 대화입니다.
우리가 말하는 것을 멈추고
주님께 조용히 기다리는 법을 배운다면
우리는 좀 더 놀라운 풍성함을
경험할 수 있을 것입니다.

9. 기다리는 기도를 드리십시오.

기도하면서 주님을 기다리는 것은
주님을 경험할 수 있는 놀라운 비결입니다.
많은 사람들이
많은 기도를 드리면서도
주님을 기다리지 않기 때문에
주님의 그 놀라우신 영광을 체험하지 못합니다.

주님께 당신의 마음을 고백한 후에
주님께 당신의 기도를 드린 후에
조용히 주님을 기다리십시오.
주님께서 당신의 몸을 만지시고
당신의 마음에 임하시고
당신의 힘든 부분에 임하시도록
그분을 기다리십시오.

기다리는 순간에 주님은 임하십니다.
그것을 당신은 느낄 수 있습니다.
주님의 역사는 각 사람의 상태와 필요에 따라
다르게 임재하시지만
당신은 그것을 알 수 있습니다.

어떤 일이 생길지는 모르지만
주께서 어떻게 역사하실지 모르지만
분명히 당신의 기도는 달라질 것입니다.

당신은 분명히
새로운 것을 배우게 될 것입니다.
당신은 기도를 즐기게 될 것이며
더 이상 시계를 보면서
기도를 하지는 않게 될 것입니다.

왜냐하면 주님이 직접 임하실 때
기도는 이 세상에서
가장 즐거운 일이 되기 때문입니다.

10. 묻는 기도를 드리십시오.

주님은 우리의 주인이시며
우리가 그분의 종인 것이 확실하다면
우리는 주님께 요구하는 기도만을 드려서는 안되며
오히려 바른 기도는 주인의 분부를 받는 것이라는 사실이 명백할 것입니다.

하루의 첫 시간에
주님께 물으십시오.
오늘 주님께서 우리가 하시기를 원하시는 일이 무엇인지
주께 여쭈어 보십시오.
그리고 마음에 감동이 오는 것을 노트에 적으십시오.
그리고 그 명령과 순서를 따라 살 수 있도록
그것을 행할 힘을 달라고 주님께 요청하십시오.

시간이 여유가 있을 때
당신의 마음대로 시간을 보내지 마십시오.
주님께 물으십시오.
그 시간을 어떻게 사용하시기를 원하시는지
지금 그 시간에 주님께서 요구하시는 것이 있는지
주께 여쭈어보십시오.

주님께서 어떤 사람을 떠오르게 하시며
그를 위하여 기도해야 할 감동을 주셨다면
그를 위하여 어떻게 기도해야 하는지 물어보십시오.
또한 지금 그에게 전화를 해야하는 감동을 주셨다면
무슨 이야기를 해야 하는지 주님께 물어보십시오.

나의 경우를 보면
내가 누구에게 전화를 해야 한다는 감동을 받고
전화를 했을 때
대부분 상대방은 도움과 위로가 필요한 때였습니다.

당신이 주님께 쓰여지기를 원한다면
당신은 주님께 묻는 기도를 드려야 합니다.
그렇게 기도드릴 때 당신은
평소에 수없이 스쳐지나갔었던 많은 느낌과 감동들이
주님께로부터 온 것이며
당신이 주님의 도구가 될 수 있는 많은 기회를 놓친 것을 알게 될 것입니다.

묻는 기도를 드리십시오.
주님은 당신에게 아주 가까이 오실 것이며
마음에 감동을 일으키실 것이며
당신은 그것이 그저 내 생각일 뿐이라고 생각하지만

그것을 통해서 그분의 역사를 일으키기 시작할 것입니다.
그리고 그러면서 차츰 당신은
주님의 사람이 되어가기 시작할 것입니다.

11. 양심의 소리를 들으십시오.

주님은 우리 안에 내주하시며 항상 우리에게 말씀하십니다.
그리고 그 주님의 음성 중에 가장 대표적인 것은
양심의 음성입니다.
누구나 자기의 내면 속에 양심의 소리를 가지고 있으며
심지어 거듭나지 않은 불신자도 가지고 있는데
이는 모든 사람들이 하나님의 형상으로 지음받았기 때문입니다.

양심의 소리는 아주 작고 미세하기 때문에
그 세미한 음성을 듣는 것은 쉬운 일이 아닙니다.
또한 그 음성은 우리를 몹시 귀찮게 합니다.
그래서 우리는 쉽게 그 음성을 무시해버립니다.

우리는 습관적으로 또는 필요에 의해서
아주 쉽게 거짓말을 합니다.
그러나 우리 안에서 양심은 정죄하며
우리 안에서 불안해합니다.
우리는 쉽게 우리 자신을 변호하며
우리 자신을 정당화합니다.
그러나 우리 안에서 어떤 작은 미세한 세력이
우리를 공격합니다.

그 음성은 아주 작고 귀찮기는 하지만
그러나 그 음성을 무시하고 사는 것도
결코 편안한 것은 아닙니다.
우리가 느끼던 느끼지 못하던
그 양심의 소리는 우리를 계속하여 괴롭히기 때문입니다.
우리는 그 소리를 무시하기 때문에
점점 둔감해지고 거칠어지며 영적으로 마비되어 아무런 감각이 없어지게 됩니다.
그리하여 주님의 음성에도 둔해지게 됩니다.

우리가 진정 주님을 가까이 알기 원한다면
우리의 영성이 아주 민감해지기를 원한다면
우리는 양심의 소리를 들어야 하며
그 음성을 발전시켜야 합니다.

조금 씩 조금 씩
그 음성을 들으십시오.
그가 말하는 것에
귀를 기울이십시오.

우리는 쉽게 남을 비난합니다.
그러나 비난을 그치고
자신의 양심에게 말하도록 하십시오.

그는 이야기합니다.
너는 과연 옳으냐.

우리는 쉽게 남을 판단합니다.
그러나 판단을 그치고
양심의 소리를 들으십시오.
그는 이야기합니다.
너는 판단할 자격이 있느냐.
너는 그를 사랑하느냐.
너는 주님의 마음으로 말하느냐.
그 양심의 소리는 우리 목소리의 많은 부분을
침묵시키는 힘을 가지고 있습니다.

양심의 소리를 들어야 합니다.
그것은 주님께로 가까이 가는 첩경입니다.
그 소리를 듣는 것은 고통스럽고 아픈 경험이지만
그 후에는 평강의 열매를 맺게 됩니다.

양심의 소리를 들으십시오.
처음에 그의 소리는 아주 작지만
그 목소리는 점점 커지고 분명해집니다.
그리고 그에 따르는 당신의 심령도
점점 아름답고 평강이 넘치게 됩니다.

그리고 또한 놀라운 사실은
당신은 주님의 음성과 주님의 감동에
아주 예민해진다는 것입니다.

사도 바울은 말하였습니다.
내가 범사에 양심을 따라 하나님을 섬겼노라. (행23:1)
이와 같이 양심은 우리를 주님의 품으로 이끄는
아름답고 귀한 인도자이며
이를 따르는 자에게 진정한 기쁨과 평강을 주는
우리의 아름다운 동역자인 것입니다.

12. 환경의 소리를 들으십시오.

주님은 우리에게 항상 말씀하십니다.
어떤 이는 투덜거리며 주님은 자기에게 도무지 아무런 말씀을 하시지 않는다고 말하지만 주님께서 말씀하지 않는 사람은 아무도 없습니다.
다만 자신이 주님께 대하여 마음을 집중하지 않고 있을 뿐입니다.

주님은 마음속이 감동으로도 말씀하시지만 또한 환경을 통해서도 말씀하십니다.
그러므로 우리는 환경을 통한 주님의 메시지에 대하여 예민하게 깨어있어야 합니다.

사도 바울은 자신이 하나님을 사랑한다고 생각했지만 진리를 알지 못했고 마음의 감동과 환경의 인도를 따라 살지 않았습니다.
다메섹에서 주님의 빛에 의하여 거꾸러지면서 그는 주님의 음성을 들었습니다.
사울아 사울아 네가 왜 나를 핍박하느냐.
가시채를 뒷 발길질 하는 것이 네게 고생이니라. (행 26 : 14)
말이 달리기 싫다고 가시채를 맞으면서도 버티는 것처럼
그는 환경과 내면의 감동을 따라 살지 않고 그것을 거슬리면서 살았었습니다.

오늘날도 많은 사람들이 환경을 통한 주님의 경고를 듣지 않습니다.
환경이 그를 막아도 그는 억지로 나아가며 때로는 울부짖으며 주님께 길을 열어달라고 아우성칩니다.

우리는 주님을 인도하려고 애쓰는 것 보다
주님의 인도를 받으려고 애써야 합니다.
환경이 우리의 길을 막을 때
주님께 물어보십시오.
주님. 왜 그러십니까.
제가 무엇을 잘못하고 있는 것이 있나요?
아니면 제가 주님이 원치 않는 길로 가고 있나요?

주님은 항상 그분의 길로 인도하실 때
한쪽 길은 막으시며 다른 쪽 길은 열어놓으십니다.
그러므로 우리는 주님의 열어놓으신 길을 찾아가야 하며
주님이 막으시는 길로 가려고 애를 써서는 안 됩니다.

환경을 통한 주님의 메시지에 깨어있으십시오.
겸손히 그것을 기다리십시오.
당신은 환경을 창조할 수 없으며
스스로 아무 것도 움직일 수 없습니다.

그러므로 조용히 그 흐름을 관찰하며
주님의 인도를 기다려야 합니다.

형통할 때 교만치 않도록 조심하며
어려울 때 겸손하여 주님의 가르침을 받을 수 있도록
조심하여 깨어있으십시오.

환경은 주님의 음성입니다.
당신이 거기에 깨어 있을 때
당신은 주님께로 좀 더 가까이 나아갈 수 있게 될 것입니다.

13. 몸의 소리를 들으십시오.

몸은 하나의 인격이며 우리에게 주님의 음성을 전달하는 귀중한 도구입니다.

주님은 우리에게 마음으로 환경으로도 말씀하시지만 몸으로도 말씀하십니다.

우리는 몸의 소리와 요구에 대하여 무시하고 억압하는 경향이 많이 있으며 그러면서도 막상 몸이 아프거나 그들의 노력을 포기해버릴 때는 의아하게 생각합니다.

우리는 몸의 상태가 어떠한지 항상 살펴야 합니다.

우리가 주님의 인도와 감동에 따라 몸의 음성에 귀를 기울인다면 우리의 몸은 항상 자연스럽고 편안한 상태에 있을 것입니다.

그러나 우리가 몸의 소리에 대하여 듣지 않고 무심하다면 우리의 몸은 고통을 받을 것이며 또한 영혼도 같이 어려움을 겪을 것입니다.

몸의 이야기를 들으십시오.

그가 싫어하는 음식을 먹지 말며 그가 힘들어 할 때 무리하게 움직이지 마십시오.

그가 휴식을 원할 때 함부로 다그치지 말고

정 당신이 조금 더 일을 해야한다면 그에게 부드럽게 말하고 설득을 시키십시오.

몸의 어딘가에 고장이 났다면
할 수 있는 한 조용히 쉬면서 그와 대화를 나누십시오.
당신의 마음을 고요히 하고 마음을 가라앉힌다면
당신은 그의 음성을 들을 수 있습니다.

그에게 너무 소홀히 한 것을 사과하고
그의 음성을 듣지 않은 것에 대하여 미안함을 표시한 후
그가 무엇을 원하는지 이야기해달라고 하십시오.
그리고 그의 메시지에 귀를 기울이며
적극적으로 반응하십시오.
그리고 그를 위로하며 주님의 은총이 그에게 임하기를 구하십시오.
당신은 곧 당신의 아픈 부분이 회복되어 가는 것을 느끼게 될 것입니다.

그렇습니다.
당신의 몸은 당신 안에서 그 동안 고독하고 피곤하게 지냈습니다.
그에게는 위로가 필요합니다.
그에게는 몸도 영혼도 다같이 주님을 향해 같이 나아가는 동반자라는 확인이 필요하며 그것은 그에게 위로가 될 것입니다.

몸을 소중히 여기며 그의 노고를 치하하고
그와 같이 주님께 나아가십시오.
당신이 당신의 몸의 음성에 예민해질 때
당신은 좀 더 자연스럽게
주님께 가까이 갈 수 있을 것입니다.

몸은 당신의 부하가 아니며
적도 아닙니다.
그는 친구입니다.
그는 주님의 일에 같이 부름받은
귀한 친구입니다.
당신이 그를 사랑스럽게 여기며
주님께 같이 나아갈 때
당신은 좀 더 풍성한 삶을 살 수 있게 될 것입니다.

14. 영혼과 대화를 나누십시오.

시편의 기자들을 보면 그들은 자신의 영혼과 대화를 자주 나누었던 것을 볼 수 있습니다.
찬양하라 내 영혼아.
내 속에 있는 모든 것들아 다 주를 찬양하라.
내 영혼아. 여호와를 송축하라.
내 영혼아 네가 어찌하여 낙망하며 내 속에서 불안하여 하는고 너는 하나님을 바라라.

시편 기자들은 자신의 영혼에게 주를 바라볼 것을 찬양할 것을 또는 영혼이 낙심되어 있을 때 그를 격려하고 위로하는 대화를 나누었던 것을 볼 수 있습니다.

그러한 대화가 하나의 시적인 표현인지 아니면 우리의 의식과 우리의 내부에 있는 영혼과의 실제적인 대화를 의미하는 것인지는 성경은 확실하게 언급하고 있지 않습니다.
그러나 실제로 우리가 그러한 방법으로 내면의 영혼과 대화를 하면 우리는 우리 안에서 우리의 의식을 넘어선 내면의 어떤 반응을 느낄 수 있습니다.

우리 안에는 우리의 의식으로 이해하기 어려운 내면의 감동과 느낌이 존재합니다.

우리의 겉 사람은 아무렇지도 않은데 이상하게도 속에는 슬픔이 가득 차있는 것 같습니다.

어떤 때는 그와 반대로 바깥의 상황은 기가 막히게 답답한데 기도와 찬양을 드리면 우리의 속에서 이상한 기쁨과 감동의 눈물이 흐르곤 합니다.

분명한 것은 우리의 내부에 우리의 혼, 우리의 이성을 초월한 어떤 다른 요소가 있다는 것입니다.

어떤 이들은 이것을 잠재의식이라고 부르고 내부의 감정이라고 부르기도 하며 어떤 이들은 혼의 잠재력이라고 부르기도 하는데 나는 성경에 있는 대로 그냥 쉽게 영혼이라고 부릅니다.

우리는 살면서 영혼의 존재를 잊어버리며 우리의 이성과 환경을 따라서 생각하고 결정하며 살아갑니다.

그러나 우리가 그렇게 살아가는 동안 우리는 느끼지 못하나 우리의 영혼은 약해지고 힘들어지고 지치게 되는 것입니다.

왜냐하면 우리의 겉 사람, 의식은 눈에 보이는 것들을 추구하고 거기에서 만족을 얻지만 우리의 영혼, 우리의 속 사람은 오직 주님의 말씀을 사모하며 그분과의 교제를 통하여 위로와 힘을 얻게 되기 때문입니다.

당신도 시편의 기자와 같이 영혼과 대화를 시작해보십시오.

시편의 기자처럼 영혼에게 속삭이십시오.

찬양하라 내 영혼아 주님을 찬양하라.
그리고 당신의 속에서 어떠한 반응이 일어나는 지를 살피십시오.

당신의 영혼이 지치고 힘들어 있다면 당신도 시편의 기자처럼 그를 격려하고 위로해 보십시오.
내 영혼아.
낙심하지 말아라.
너는 더 이상 혼자가 아니다.
주님이 너와 함께 하신다.
주님께서 그 빛으로 너에게 부어주신다.

당신이 속으로부터 나오는 죄책감으로 절망하고 있을 때 영혼에게 이야기해보십시오.
내 영혼아.
주님께서 너를 용서하셨다.
주님께서 그분의 보혈을 통하여 너를 받아주셨다.
그리고 너를 사랑하신다.

당신의 영혼이 두려움에 사로잡혀 있을 때 미래에 대한 염려로 묶여있을 때 영혼에게 이렇게 이야기해보십시오.
내 영혼아.
두려워하지 말아라.

주님이 너와 함께 하신다.
그분은 결단코 너를 떠나시지 않는다.

나는 내 영혼이 연약하던 많은 순간에 그와 같이 영혼에게 이야기를 해 주었습니다.
그리고 나는 내 속에서 일어나는 반응에 놀랐습니다.
내 속에서 나 아닌 나가 흐느껴 우는 것을 보았습니다.
내 속에서 나의 겉 사람이 아닌 속 사람, 영혼이 회복되고 기뻐하는 것을 느꼈습니다.

당신도 그와 같이 한번 시도해 보십시오.
당신도 아마 비슷한 내면의 감동을 경험하게 될 것입니다.
당신은 당신의 영혼을 격려할 때
당신 안에서 영혼이 반응하는 것을 느끼게 될 것입니다.
성경의 말씀을 당신이 먹지 말고
당신의 영혼에게 먹이십시오.
성경은 우리의 의식을 위한 것이 아니라
우리의 영혼을 위한 것입니다.
당신이 그 말씀으로 당신의 속 사람을 채울 때
당신은 내면의 감격을 체험하게 될 것입니다.
그리하여 좀 더 자유롭고 풍성한 영혼이 되어
주님 앞으로 가까이 나아가게 될 것입니다.

15. 영혼의 소리를 들으십시오.

영혼과 대화를 나누다보면 우리는 우리의 내면에서 우리가 알지 못했던 무시하고 있었던 존재가 우리의 이야기에 대하여 반응하며 이야기하는 것을 느끼게 됩니다.
그것은 영혼의 소리입니다.
그들은 그들이 지금까지 하고 싶었지만 우리가 귀를 기울여 주지 않았기 때문에 슬퍼하고 안타까왔던 그들의 마음과 느낌에 대하여 이야기합니다.

어떤 이들은 그것을 영혼이 아닌 잠재의식이나 단순한 내재된 감정이라고 합니다.
물론 그런 면도 있습니다.
그러나 영혼과 감정은 조금 다릅니다.
감정은 겉 사람에 속한 것이며 그것은 환경에 대하여 반응하는 것입니다.
그러나 영혼은 환경에 대하여 반응하는 것이 아닙니다.
그것은 영계에 대하여 반응합니다.
그것은 영원에 대하여 그리워하며
그를 지으신 주님에 대하여 반응하고 목말라 합니다.

우리의 내면의 표면에는 감정이 있을 것입니다.
거기에는 우리의 과거의 경험들이 기록되어 있으며 우리가 기억하고 싶지 않은 고통과 상처의 기억들, 즐거운 기억들도 같이 저장되어 있습니다.
　그러나 우리의 내면의 좀 더 깊은 곳에는 그와 같은 환경과 기억을 넘어서는 어떤 다른 부분이 있습니다.
　그것은 우리의 감정이 아니고 영혼입니다.
　그 감동과 느낌은 영혼의 소리입니다.
　우리의 의식의 표면에는 이성이 있고
　조금 깊은 곳에는 감정이 있으며
　더 깊은 심층의 의식에는 영혼이 있는 것입니다.

　그 심층의 영혼이 추구하는 것은 물질이 아닙니다.
　명예가 아니며 권세가 아니며 편안한 삶이 아닙니다.
　인간적인 애정도 아니며 우정도 아닙니다.
　그 심층의 추구는 영원이며 진리이며 생명입니다.
　영혼은 오직 하나님을 추구하는 것입니다.
　그러므로 우리의 겉 사람, 의식, 감정이
　외부적이고 물질적인 것들을 추구할 때
　우리의 영혼은 깊은 속에서 탄식하고 아파하며 괴로워하는 것입니다.

　영혼은 오직 하나님의 임재 속에서 안식합니다.
　그는 주님의 말씀과 교제 속에서 행복해합니다.
　그러므로 거듭나지 않은 세상 사람이 환경적인 성취와 성공 속에서 아무리 만족을 느끼려 해도 그의 깊은 속에서는 이상한 허탈감과 허무감이 사라지지 않고 존재하는 것입니다.
　이는 사람이 오직 하나님의 형상으로 지음받아서 오직 하나님과의 교제를 통해서만 만족을 얻을 수 있게 되었기 때문입니다.

　영혼은 우리의 가장 깊은 곳에 있으며
　그는 사람의 주인입니다.
　그러므로 우리가 영혼의 음성을 듣고
　영혼의 감동을 따라 살며 영혼을 표현할 때
　우리에게는 참된 행복과 만족이 따르게 되는 것입니다.

　영혼의 소리를 들으십시오.
　당신의 내부에서 일어나는 조용한 감동을 느껴보십시오.
　당신의 영혼이 기뻐하는지 슬퍼하는지 조용히 관찰해보십시오.
　겉 사람은 환경에 반응하지만
　영혼은 주님께 대하여 반응합니다.
　당신이 환경으로 인하여 기뻐한다면
　그것은 감정이지 영혼이 아닙니다.
　당신이 환경으로 인하여 슬퍼한다면
　그것도 감정이지 영혼의 소리가 아닙니다.

영혼은 영원한 세계와 교통하는 것이며
당신의 영혼이 빛의 세계와 가까울 때 영혼은 기뻐합니다.
당신의 영혼이 어두운 곳에 있다면
당신의 환경이 아무리 좋더라도
당신은 영혼의 슬픔과 탄식을 느끼게 될 것입니다.

영혼의 소리를 들으십시오.
영혼의 요구에 귀를 기울이십시오.
당신의 영혼을 먹이고 쉬게 하고 움직이게 하십시오.
영혼은 오직 주님의 임재 속에서 기뻐하고 힘을 얻으며
생명의 주와 교통하기를 기뻐하는 것입니다.

당신이 영혼의 소리에 좀 더 예민해진다면
당신은 주님의 마음과 주님의 감동에도 같이 예민해질 것입니다.
왜냐하면 영혼은 주님을 담는 그릇이며
영혼이 성장할 때 주님과 영계에 대한 당신의 감각은 아주 새로워지기 때문입니다.

사람들은 영적인 성장이라는 말을 아주 많이 사용하며 그것을 상징적인 개념으로 생각합니다.
그러나 영혼이란 분명한 실체이며 영혼이 자란다는 것은 아기가 키가 커지고 지혜가 자라는 것만큼이나 분명한 실상입니다.
조용히 당신의 내부를 관찰하여 영혼을 풀어놓으십시오.
영혼이 울면 위로하고
영혼이 기뻐하면 격려하고
영혼이 움직이면 묻고 동행하십시오.
그렇게 영혼을 풀어놓고 표현할 때 영혼은 점점 더 자유롭고 풍성해지게 됩니다.

영혼의 음성은 주님의 음성과 조금 다릅니다.
그러나 당신이 경험할 때 당신은 그 차이를 알 수 있을 것입니다.
내면의 감각, 영혼이 깨어 일어날 때 당신은 주님과 좀 더 가까워질 것입니다.
그리고 행복해질 것입니다.
왜냐하면 사람은 영적인 존재이며
주님을 알아가고 교통하며 그분의 뜻대로 살아갈 때 가장 행복하도록 지음을 받았기 때문입니다.
당신의 영혼을 깨우며 이 복된 길을 걸어가십시오.
그것은 진정 행복하고 너무나도 아름다운 길이며
삶의 향기가 가득한 인생인 것입니다.

16. 주님과 함께 그저 가만히 있으십시오.

때로 우리는
사랑하는 사람을 만나기 전에
하고 싶은 말들을 수없이 상상하다가도
막상 만나게 되면 아무 말도 하지 못하고
그저 가만히 침묵을 지키고 싶을 때가 있습니다.

주님과도 그렇습니다.
우리는 가끔
그저 아무 말 없이 주님과 함께 조용히 있고 싶어집니다.
그럴 때는 억지로 말을 하려 하지 말고
그저 조용히 주님과 함께 있으십시오.
마음이 이끌리는 대로
간구도 감사도 어떤 탄원도 이야기도 하지 말고
그저 조용히 주님과 함께 있으십시오.
그저 가만히 있어 주님의 임재를
그분의 하나님 되심을
그분의 사랑을 느끼십시오.

조용한 거리로 나가 주님과 같이 저녁노을을 바라보든지
아니면 한적한 벤치에서 주님과 같이 앉아 있든지
숲 속의 오솔길을 주님과 같이 걷든지
또는 어둡고 조용한 방안에서 주님과 묵묵히 있든지

중요한 것은 아무 말 없이
아무 생각도 없이
그저 조용히 그분의 임재를 즐기고 있는 것입니다.

그리고 그 침묵 속에서 당신은 알게 됩니다.
주님의 마음을,
그분의 사랑을,
그분의 함께 계심을,
그분의 거룩함을,
그분의 고독을...
아무 말을 하지 않아도 당신은 그냥 알게 됩니다.

침묵을 마치고
그 고요의 기도를 마치고
일상의 삶으로 돌아올 때
당신은 그 기도의 시간이 몹시 아쉬울 것입니다.
그리고 또 다시 그러한 고요한 주님과의 함께 있음을
그리워하게 될 것입니다.
왜냐하면 그 시간은
너무 아름다운 시간들이며
잠시 함께 있었지만
아무 말도 하지 않았지만
너무나 많은 것들을

같이 나누었기 때문입니다.
당신은 그 침묵 속에서
영혼이 풍성해지고
주님을 느끼게 되고
내면의 고요와 안식을 많이 경험했기 때문에
그 시간을 더욱 그리워하게 될 것입니다.

그리고 당신은
주님 그분 자신을
더욱 그리워하게 될 것입니다.
그리고 그 주님이
당신의 곁에서
항상 침묵 속에서 당신을 지켜보고 있다는 사실을
항상 기억하게 될 것입니다.

제 3장 생활 속의 기도

기도는 인생이며
우리의 삶 자체입니다.
우리는 골방의 기도에도 익숙해져야 하지만
더 더욱 삶 속의 기도에
익숙해져야 합니다.
그것은 우리의 삶 속에
생명과 활기를 충만하게 할 것입니다.

17. 아침에 깨자마자 주를 부르십시오.

아침에 깨자마자 주님을 부르는 것은
참으로 행복한 일입니다.
그 어느 때보다도
아침, 막 깨어난 순간의 영은 맑습니다.
그 무엇을 하기에 앞서서
조용히 주님을 부르십시오.
아직 일어나지 않은 상태에서
그냥 자리에 누운 채로
조용히 주님을 부르십시오.
그리고 주님의 달콤한 기운과
그 사랑의 임재를
조용히 맛보십시오.

아침 첫 시간
그 순간은 주님을 경험하기에 가장 좋은 순간입니다.
불과 5분만 그렇게 해도
당신의 하루는 아주 즐겁고 행복하게 시작될 것입니다.

18. 주님의 작품들을 보십시오.

우리가 보고 있는 모든 것들의 배후에는
주님이 계십니다.
산도, 바다도, 하늘도, 나무도, 꽃잎도
다 주님께서 만드신 것입니다.
건물도, 자동차도, 사람이 만든 것 같지만
그 재료는 하나님이 주셨습니다.
눈에 보이는 모든 사람들도
다 주님의 작품입니다.
우리는 인식하든 못하든
항상 주님을, 주님의 솜씨를 보고있는 것입니다.

무엇을 보든지
그 배후에 계신 주님을 인식하십시오.
꽃잎을 보면서
주님의 영광을 인지하십시오.
사람들을 보면서
주님의 임재를 인식하십시오.
만물 안에 계셔서
임재하시고 운행하시고 생명을 주시는
그분의 풍성하심을 바라보십시오.

우리의 눈은 단지 보이는 것을 볼뿐이지만
우리의 영은 그 배후에 계신 주님을 느낄 수 있습니다.
그렇게 항상 모든 것에서 주님을 느낄 때
우리의 영혼은 잔잔해지고 행복해지는 것입니다.

19. 주님의 통로가 되기를 구하십시오.

항상 주님의 역사를 구하십시오.
말할 때
주님의 은혜가 함께 하시기를 기대하며
타자를 칠 때
이 손가락을 주님이 붙들어주시기를 기도하며
사람을 바라볼 때
우리의 눈을 통하여
그들을 향한 주님의 사랑스러움을 보여줄 수 있도록
주님께서 우리에게 임재하시고
역사하시기를 기대하십시오.

주님이 우리에게 임하시고
우리가 그분의 통로가 된다는 것,
그것은 세상에서 가장 아름답고 행복한 삶인 것입니다.

20. 자신의 변화된 모습을 상상하십시오.

생각과 상상은 영과 에너지를 끌어당기며
우리를 그쪽으로 인도합니다.
우리가 진정 변화되고 새롭게 되기 위하여
우리는 아름답고 즐거운 상상을 주님과 함께 나누어야 합니다.

자신의 어두운 모습을 보지 마십시오.
자신의 현재의 모습을 보지 마십시오.
주님의 역사로 인하여 변화된 자신의 모습을 바라보십시오.
기쁨이 충만하고
사랑이 충만하며
주님의 빛으로 가득한 자신을 상상하십시오.
당신이 사랑의 통로가 되어
온 세상에 주님의 기쁨과 치유와 행복이 가득해지는 장면을 상상하십시오.

자신의 웃는 모습을 상상하십시오.
자신의 사랑하는 모습을 상상하십시오.
자신이 사람들에게 기쁨을 주고 있는 모습을 상상하십시오.
상상 속에서 기뻐하고 즐거워하십시오.
당신이 상상하는 내용이 아름다운 것이며
주님께서 기뻐하실 내용이라면

주님은 그것을 이루실 것입니다.

생각은 곧 기도입니다.
상상은 곧 기도입니다.
상상 속에서 당신이 기뻐하고
상상 속에서 당신이 변화된다면
주님은 머지 않은 시간에 그것을 이루시고
당신은 주님의 은혜에
좀 더 가까이 머물게 될 것입니다.

21. 외로울 때 주님을 붙드십시오.

알고 계신가요?
주님은 어디나 편만하시며
항상 우리의 옆에 계신다는 것
우리가 외롭다고 생각하는 그 때에
우리 곁에 조용히 머물러 계신다는 것
문제는 우리의 눈이 닫혀있는 것이며
주님은 그러한 닫힘을 슬퍼하신다는 것을.

내가 주님을 만나고 나서
가장 많이 들었던 음성은 바로 그것이었죠.
이제 너는 혼자가 아니다.
나는 언제나 네 옆에 있다.
새벽에도 밤에도 침상에서도
그 음성은 나를 붙들었습니다.

당신은 혼자가 아닙니다.
외롭고 슬프고 지칠 때에도
당신은 결코 혼자 있지 않습니다.

삶이 피곤하고
지치고 힘들때
어둠 속에서 조용히 손을 내밀어

주님을 붙잡으십시오.
주님은 거기에 계십니다.

주님을 향하여
간절함과 그리움을 가진 이들에게
주님은 언제나 가까이 임하십니다.

그리고 그 순간
우리의 슬픔은, 외로움은
아침 햇살의 안개처럼
사라져버리는 것입니다.

22. 자연 속에서 주님을 경험하십시오.

사람은 자연에 가까울수록
주님의 임재에 가까워지며
자연과 멀어질수록
주님의 임재와 멀어집니다.

자연은 주님의 창조물이며
그것은 주님의 기운을 보다 쉽게 느끼게 해 줍니다.
사람이 만든 인조물은 사람의 영혼을 지치게 하며
마음을 불안하고 완악하게 만듭니다.

자연 속으로 숲 속으로 들어가
주님의 임재를 묵상하십시오.
아무 말 없이
그저 그분의 존재를 느끼십시오.
이름 모를 들풀을 보고 나뭇잎을 보면서
배후에 계신 주님의 기운을 느끼십시오.
그리고 그 주의 영을 마시고 받아들이십시오.

시간이 흐르고 숲 속에서 걸어나올 때
당신은 당신의 영혼이 많이 고양되고 충전된 것을
느끼게 될 것입니다.

그리고 주님의 임재에 대하여
새로운 감각을 가지게 될 것입니다.

23. 영적인 독서를 통하여
　　주님을 얻으십시오.

　모든 말과 글은 영계에서 옵니다.
　그러므로 모든 말과 글에는 어떤 수준의 영적인 힘과 파장이 있습니다.
　그러므로 어떤 사람을 대할 때, 그리고 어떤 사람이 쓴 글을 대할 때 우리는 어떤 영적인 세계와 접촉을 하는 것입니다.

　그러므로 귀한 주님의 사람, 영성의 사람과의 교제를 통하여 그의 지혜와 경험을 기록한 글과의 만남은 곧 영적인 풍성한 세계와의 교통입니다.
　그리고 책을 통한 그 영의 흡수가 주는 유익은 말로 형용할 수조차 없는 것입니다.

　이 시대에 유행하는 사상이나 베스트 셀러가 아닌
　하나님의 사람이 쓴 책을 선택하십시오.
　설교나 방법론이 아닌
　그 사람 자체의 삶이 기록된 전기를 선택하십시오.
　어느 누구나 나름대로 훌륭한 이론을 제시할 수 있지만
　실제로 승리의 삶을 사는 것은 쉽지 않은 일입니다.

그러므로 죽을 때까지 주님 앞에서 승리의 삶을 산 영성인의 글은 그대로 생명적인 능력과 영을 공급하는 것이기 때문입니다.

그들의 전기를 읽을 때
그들을 통해서 역사하신 주님의 생명과 풍성함이 흘러나오게 됩니다.
거기서 단순히 원리와 테크닉을 배우지 말고
주님의 임재를 얻으십시오.
주님의 권능을 얻으십시오.
머리로 이해하지 말고
당신의 영으로 그 책을 통해서 임재하시는 주님의 영을 흡수하십시오.
이해하고 정리하려고 애쓰지 말고
그저 조용히 영으로 받아들이십시오.

나는 많은 유행하는 책들을 접해 보았습니다.
나는 책을 붙들면 그 책을 읽기도 전에
어떤 에너지와 힘을 느끼곤 했습니다.
그리고 대부분의 유행하고 인기를 끌던 책들은
에너지의 수준이 너무나 낮은 곳에 있었습니다.

그러나 나는 별로 알려져 있지 않은 하나님의 사람들의 책을 읽으면서 고양되고 흥분되었습니다.

나는 그들의 고전, 그들의 전기를 읽으면서
주님의 권능과 임재가 흐르는 것을 많이 느꼈습니다.
나는 사로잡혔고 쓰러졌으며
그 책들을 통해서 하나님의 권능이 아직도 여전히
역사하고 있는 것을 느꼈습니다.

일생동안 주님의 앞에서 살았던 사람의 책을
하루 이틀에 읽고 다 알았다고 생각하지 마십시오.
그리고 함부로 남에게 가르치고 적용하지 마십시오.
그러한 태도로는 아무 것도 얻지 못합니다.

어떤 책은 무릎을 꿇고 읽어야 합니다.
그리고 기도하는 마음으로 읽어야 합니다.
오, 주님... 저에게도 이렇게 역사해주십시오...
그렇게 사모하는 마음으로 읽어야 합니다.

영적인 독서로 주님을 깊이 경험했던 어떤 목사님은 불과 몇 쪽으로 구성된 한 장을 읽는 데 두 달이 걸리기도 했다고 합니다.

그는 자신의 수준에 맞고 유익이 되는 책으로 인도해달라고 항상 기도했으며 그런 책을 발견하면 기도하면서 읽었습니다.

그는 책을 읽으며 온갖 깨달은 것에 대한 메모와 기도문으로 책을 거의 걸레로 만들다시피 했습니다.

책을 읽으면서 감동이 올 때
그 자리에서 책읽기를 중단하고 기도를 드리십시오.
책을 다 마치는 것이 중요한 것이 아니며
주님의 감동을 받고 거기에 순종하는 것이
훨씬 더 중요한 것입니다.
책을 읽은 후에 당신이 기도하려고 해도
이미 많은 것을 잊어버리고
그때는 아무 것도 기억이 나지 않을 것입니다.
또한 갑자기 바쁜 일이 생겨서
기도할 여유가 없을 지도 모릅니다.

영적인 독서를 통하여 주님을 경험하십시오.
신령한 글을 읽으며 그 영의 기운을 얻으십시오.
직접 우리의 육체가 영성인을 만나는 것은 쉽지 않지만
책을 통하여 역사에 있었던 하나님의 사람들을 직접 만나고 교제하며 그들이 경험했던 하나님을 같이 나눌 수 있습니다.

그것은 진정한 축복입니다.
영적인 독서를 통하여 주님의 영을 경험하는 것 -
그것은 주님의 깊은 풍성함과 은총을 경험하는
쉽고도 아름다운 방법입니다.

24. 사소한 일상의 삶에서 주님과 대화를 나누십시오.

아주 작은 일에서
주님과 같이 대화하는 습관을 들이십시오.
마음속에서 일어나는 아주 미세한 감정도
주님과 함께 나누는 습관을 들이십시오.

그저.. 편안하게 자기의 느낌을
그대로 주님께 이야기하면 됩니다.
주님... 저 지금 너무 기분이 상해요...
저 사람이 나에게 그럴 수가 있어요?
그리고 주님이 어떻게 대답하시는지 기다리십시오.

주님은 아마 이렇게 말씀하실지 모릅니다.
얘... 나도 그런 경우를 많이 당했단다...
네가 나를 사랑하고 하나가 되기 원한다면
너도 나와 같은 경험을 많이 해야 하지 않겠니?

때로는 이런 이야기도 하고 싶지요.
주님... 오늘은 너무나 무기력하고...
정말 아무 것도 하고 싶지 않군요.
다 귀찮아요. 어디론가 가버리면 안될까요?

주님은 이렇게 대답하실지 모릅니다.
애야. 힘들지..
하지만 내가 도와줄게.
내가 너를 푸른 초장에서 쉬도록 인도할 때가 있단다.
그러나 오늘은 나와 함께 사랑과 섬김의 길을 가자.
이것이 네 영혼의 연단에 도움이 된단다...

때로 우리는 혼란스럽고 일의 순서를 알지 못합니다.
그때도 우리는 주님께 호소할 수 있습니다.
주님.. 너무 복잡해 졌네요...
도대체 무엇부터 해야하나요?

이런 감동이 올지도 모르지요.
네 마음이 너무 긴장되어 있구나.
잠시 나를 바라보아라...
긴장하지 말고 초조하지 말아라.
내가 모든 것을 다스리고 있다.
처음으로 돌아가서 이제 한가지씩 다시 시작하거라...

이러한 대화들이 처음에는 어쩌면 우스꽝스럽게
느껴질지도 모릅니다.
그러나 분명한 사실은 이러한 경험이 반복될 때
당신의 영혼은 훨씬 더 고요해지고 잔잔해진다는 것입니다.

당신은 그러한 대화가 결코 혼자만의 독백이 아니며
주님이 당신의 아주 가까운 곳에서
당신을 위로하시고 도우시며
당신과 함께 많은 것들을 나누기를 원하신다는 사실을
깨닫게 될 것입니다.
그리고 그분과 함께라면
이 땅의 피곤한 여정도
아름답고 행복하게 걸어갈 수 있다는 사실을
당신은 알게 될 것입니다.

25. 주님께 영광을 돌리십시오.

주님은 온 세상의 주권자이시며
영광을 받기에 합당하신 분이십니다.
만물이 그로 말미암아 창조되었고
그를 통하여 살아있고 움직입니다.
그분은 자신의 영광을 빼앗기지 않으십니다.
그러므로 우리가 주님께 가까이 나아가기 원한다면
우리는 항상 주님께 영광을 돌려야 합니다.

영계의 세계는 빛과 어두움의 세계로 구분되어 있습니다.
빛의 세계는 주님을 찬양하며 영광을 돌리는 천사들이 거하고 있습니다.
어두움의 세계는 주님을 대적하며 자신에게 영광을 돌리는 마귀들이 거하고 있습니다.
이처럼 누구에게 영광을 돌리느냐 하는 것은 자신의 영혼의 상태를 결정짓는 가장 중대한 문제인 것입니다.

자신에게 영광을 돌리는 것은 참으로 두려운 일입니다.
우리는 그것이 멸망으로 이르는 첩경인 것을 기억해야 합니다.
영화가 극에 달했던 바벨론의 느부갓네살왕이 어느날 이렇게 말했습니다.
이 큰 바벨론은 내가 나의 능력과 권세로 건설한 것이다.

그리하여 나의 위엄과 영광을 나타낸 것이다.
그리고 바로 그렇게 말하는 순간에 재앙이 임했고 그는 정신병자가 되어 순식간에 가장 비천한 처지에 이르게 되었습니다.
자신에게 영광을 돌리는 것은 너무나 두려운 일인 것입니다.

나는 자신이 유능한 존재이며 훌륭한 사람이며
대단한 자라고 자신에게 영광을 돌리는 이들을 많이 보았습니다.
그러나 그들을 주님은 결코 기뻐하지 않으시며
그들은 그들의 미래에 재앙을 쌓고 있는 것입니다.

우리는 항상 주님께 모든 영광을 돌려야 합니다.
어려운 상황에 있을 때 낮아져서 겸손과 순종을 배워야 하며
평탄한 상황에 있을 때 주님께 영광을 돌리며
나의 나된 것은 오직 주님의 은혜라고 고백해야 합니다.

우리의 영혼이 순수하게 주님의 은혜에 감사하고 찬미하며 영광을 돌릴 때
주님은 아주 가까이 임하시며
우리의 영혼은 그분의 기쁨으로 순결함으로
더욱 더 충만하게 채워지는 것입니다.

26. 모든 것이 주의 것임을 고백하십시오.

소유욕, 탐심은 우리의 영혼을 억압하는 무거운 짐입니다.
그것은 집착을 가져오며 영혼을 황폐하게 만듭니다.
주님은 만물의 창조자이시며 모든 것은 그분으로부터 옵니다.
그러므로 그분만이 모든 것의 주인이시며 소유자이십니다.
그러나 타락한 인간은 근원을 너무나 자주 잊으며
내 손에 있는 모든 것들이 다 나의 것이라고 생각합니다.
아이들에게 아무도 소유욕을 가르치지 않아도
아이들은 항상 내 거야! 하면서 앙앙거립니다.

우리는 모든 것들을 소유하려고 합니다.
많은 울부짖는 기도도 그와 같은 소유욕에서 집착에서 나옵니다.
우리는 사람을 소유하고 지배하려고 하며 사랑하는 이의 관심을 얻으려고 합니다.
우리가 기대했던 사랑과 관심을 얻지 못할 때 우리는 절망하고 낙담에 빠집니다.
우리는 물질을 소유하려고 하며 권력을 소유하려고 합니다.
그리하여 모든 방법과 열쇠를 우리가 쥐고 있으려고 합니다.
그러나 그것은 삶의 열쇠를 주께 맡긴 것이 아니며
우리가 가지고 있는 것이기 때문에
우리의 영혼은 지치고 피곤하게 됩니다.

우리는 자신이 이해하든 못하든 많은 집착을 가지고 있으며
많은 실패와 넘어짐이 오기 전까지는
결코 그것을 포기하려 하지 않습니다.

할수만 있다면
모든 것을 포기하십시오.
주님이 우리에게 허락하신 것들을
소유하려 하지 말고
지혜로운 관리자로 청지기로 남으십시오.
집착에서 벗어나는 것은
놀라운 자유함의 삶입니다.
그것은 우리의 영혼이 마음놓고 주님을 향하여 날게 합니다.

집착에서 벗어나기 위하여
그 영혼의 자유를 위하여
모든 것의 주인이 주님이심을
자주 고백하십시오.

오, 주님.
저는 무소유이기를 원합니다.
저는 아무 것도 없습니다.
사랑하는 아내도
사랑하는 남편도

사랑하는 자녀들도
사랑하는 모든 관계들도
다 주님의 것입니다.
물질도 권세도
칭찬도 명예도
다 주님의 것입니다.
나의 것은 아무 것도 없으며
오직 주님의 허락하신 만큼만 관리하겠습니다.
나의 소유가 없으므로
잃을 것도 얻을 것도 없으며
오직 주님만이 나의 주인이 되십니다.

그러한 고백은 우리에게 자유를 줍니다.
그러한 비워짐은 사랑하는 이가 떠나도 낙담하지 않으며
많은 것들을 잃어도 조용히 주를 바라볼 뿐입니다.
대부분의 눈물과 고통, 통곡은
다 그런 집착에서 나오는 것이기 때문입니다.

자주 무소유를 주님께 고백하십시오.
왜냐하면
우리는 너무나 쉽게 그것을 잊어버리기 때문이며
그러므로 다시 우리에게 그것을 일깨워 줄 필요가 있기 때문입니다.

집착에서 벗어나는 것
그것은 진정 해방입니다.
비워진 사람은 만물의 근원이신 주님 자신을 담을 수 있으며
그는 작은 것을 버리고 놀라운 것을 얻은 것입니다.

자주 그분이 소유주 되심을 고백하십시오.
그것은 우리의 영혼이 주님께로 가까이 갈 수 있는
아주 놀라운 방법입니다.

27. 주님과 함께 주무십시오.

잠을 잘 때 우리의 의식은 잠잠해지며
우리의 영혼은 영의 세계로 여행을 합니다.
그러므로 잠을 자기 전의 5분간이 우리의 영에 미치는 영향은 실로 엄청난 것입니다.
보통 때에도 우리의 마음과 생각을 잘 지켜야 되지만
특히 잠을 자기 직전의 마음 관리는 너무나 중요한 것입니다.

잠이 들기 전에
의식의 불꽃이 가물거리면서 타오를 때
그 불꽃이 꺼져갈 때까지
주님을 생각하며 주님의 이름을 부르십시오.
그리고 그렇게 주의 이름을 부르면서 잠이 드십시오.

청년 시절 나는 많은 밤들을
교회에서 무릎을 꿇은 채로 주의 이름을 부르다가 잠이 들었습니다.
그리고 그 잠은 어떤 궁궐에서의 수면보다도 달콤하고 행복한 수면이었습니다.

지금도 나는 잠이 들 때면
주의 이름을 부릅니다.

하루종일 마음이 너무 번잡하여
주님을 제대로 바라보지 못했을 때에도
밤이 깊어지면 나는 자리에 누워 주님을 생각합니다.
그리고 어느덧 잠이 들어버립니다.

아침에 잠이 깨었을 때
나는 너무나 황홀하고 행복하게 눈을 뜨며
밤새도록 내 영혼이 주님과 함께 있었다는 것을 느낍니다.

밤중에 주님을 부르십시오.
한밤중에 잠이 깨었다면
다시 잠을 이루기 위하여 고민하지 말고
그저 주님을 생각하고 그분을 묵상하십시오.

기나긴 밤의 많은 시간들을
주님과 함께 보내십시오.
주님을 부르면서 잠이 드십시오.
당신이 알지 못하는 순간에 당신의 영혼은 힘을 얻고
주님을 향하여 날개치며 올라가게 될 것입니다.

28. 꿈 속에서 주님을 만나십시오.

꿈이란 우리의 영혼이 영의 세계에 진입하는 것이며
영적인 세계에서 치유와 회복을 얻으며
주님께로 나아가는 과정입니다.
그러나 평소에 우리의 의식이 낮고 어두운 차원에 있다면
우리는 깊은 영계에 들어가 깊은 꿈을 꿀 수가 없으며
꿈 속에서 주님을 만날 수가 없습니다.

이 때 우리는 영혼의 정화를 위하여
악몽에 시달리거나 고통스러운 꿈을 꾸게 됩니다.
하루종일 우리의 의식을 사로잡고 있었던
어둡고 부정적인 사고들이
꿈을 통하여 배출되고 처리됩니다.
평소에 우리의 의식이 맑고 아름답다면
우리의 꿈은 그러한 정화의 꿈이 필요없으며
아름답고 명료하며 영광스러운 꿈을 꾸게 될 것입니다.

우리는 꿈 속에서 주님을 만날 것을 기대해야 합니다.
우리가 깊은 기도를 통하여 생각과 영혼을 다스릴 수 있다면
우리는 밝고 맑은 아름다운 꿈을 꾸게 되며
꿈 속에서 주님의 임재를 경험할 수 있습니다.

잠자리에서 잠이 들기전에
꿈 속에서 주님을 만나도록 기도하십시오.
꿈 속에서 주님과 함께 걸으며
주님과 같이 대화를 나누고
주님의 풍성하심을 경험할 수 있도록
그러한 기도를 드리십시오.
그리고 그러한 꿈을 꾸는 데 방해가 되는
마음 속의 지나친 근심, 두려움, 분노,
그러한 걸림돌들을 내려놓으십시오.

하루를 어렵게 보내었더라도
잠이 드는 순간은 영혼을 아름답게 관리해야 합니다.
잠이 들면서 주님을 만나기 위하여
그분의 임재를 요청하십시오.
그리고 당신이 응답받기를 원하는 질문을
주님께 드리며 잠이 드십시오.

특별한 문제가 없다면
당신은 꿈 속에서 주님의 응답을 받게 될 것입니다.
당신은 꿈 속에서 당신의 문제에 대한 메시지를 받게 됩니다.
당신은 꿈 속에서 주님과 함께 아름다운 장소를 방문할 것입니다.

당신은 꿈 속에서 주님의 풍성하신 자비를 맛보게 될 것입니다.
당신은 꿈이 깬 후에
그 기쁨과 황홀함에 사로잡혀서
잠자리에서 벗어나기 싫을 것입니다.
그러나 당신은 그러한 꿈을 통하여
새롭게 시작되는 하루가 아주 신선하게 느껴질 것입니다.

당신은 그것을 단순히 꿈이라고 생각합니다.
그러나 사실 그것은 꿈이 아닙니다.
그것은 실제입니다.
주님께서는 그의 사랑하시는 백성을 위하여
꿈이든 환상이든 상상이든 그 무엇이든
본인이 수용할 수 있는 것들을 통하여
그들을 축복하시고 안아주시는 것입니다.

꿈을 통하여 주님의 은혜를 경험하십시오.
잠자리의 시간,
그것은 곧 은혜의 시간입니다.

29. 가장 고통스러운 순간에 주님을 찬양하십시오.

우리는 삶을 살아가면서 정말 견디기 어려운 순간을 만납니다.
우리가 생각하지도 못했고 나에게는 이런 일이 올 리가 없어... 라고 생각하던 일들을 만날 때가 있습니다.
그것은 정말 고통스러운 순간입니다.
그러나 그것은 또한
가장 주님을 가깝게 깊이 만날 수 있는 때이기도 합니다.

어떤 사역자가 아내를 잃었습니다.
그것은 그에게 삶의 모든 의욕을 상실하게 했습니다.
그가 선배 사역자를 만났을 때
그는 간단한 조언을 했습니다.
"하나님께 찬양을 드리게."
그가 생각할 때 그 조언은 가장 부적절하고 전혀 위로가 되지 않은 조언이었습니다.

그러나 그럼에도 불구하고 그는 그 다음날 아침에 일어나자마자 그 조언대로 시도해보기로 했습니다.
그는 무릎을 꿇고 주님께 말했습니다.

"오, 주님. 감사합니다. 당신을 찬양합니다.

그것은 정말이지 어리석게 들렸습니다.
그는 억지로 찬양을 했지만
목소리가 도무지 나오지 않았습니다.
그의 찬양은 천장에도 올라가지 못하는 것처럼 느껴졌습니다.
그는 계속하여 찬양을 드리려고 시도했습니다.
그러나 그는 아무 감동도 느낄 수 없었고
그저 자신이 바보같이 느껴졌습니다.

그렇게 2시간 정도를 주님께 찬양을 드리려고 애쓰고 있었는데 어느 순간 갑자기 그는 주님의 임재와 영광이 그에게 가까이 온 것을 알게 되었습니다.
갑자기 그의 영이 열리게 되었습니다.
그는 이제껏 경험하지 못한 주님의 거룩함과 살아계심과 영광을 맛보게 되었습니다.

그것은 현대의 경배와 찬양 운동이 시작되는 시점이 되었습니다.
그는 찬양 속에 임하셔서 모든 상황을, 사람의 영혼을 치유하시는 하나님의 임재와 영광에 대하여 알게 되었고
그리하여 전 세계를 다니며 새로운 찬양의 사역을 시작하게 되었습니다.
견딜 수 없는 고통의 순간이 주님의 새로운 역사와 은혜가 임하는 과정이 되었던 것입니다.

당신도 그와 같이
가장 찬양하기 어려운 시간에 주님을 찬양하십시오.
가장 원망하고 싶을 때
절망하고 싶을 때
주님을 찬양하십시오.

인생의 벼랑을 느끼고
자신이 혼자라고 생각되어질 때
이렇게 말하십시오.
할렐루야. 주님을 찬양합니다.

이제는 더 이상 길이 보이지 않고
모든 희망은 사라졌다고 느껴질 때
이렇게 말해 보십시오.
오, 주님. 당신을 찬양합니다.
그것은 당신의 삶에, 영혼에 놀라운 역사를 일으킬 것입니다.

마지막 순간의 찬양, 그것은 주님의 가까우심을 가져옵니다.
그리고 그 영광은 경험해본 자만이 알 수 있을 것입니다.

30. 눈을 뜨고 기도하십시오.

기도는 우리의 영혼이
주님이 계신 영의 세계로 들어가는 것입니다.
그러므로 눈을 뜨고 기도하는 것은
우리의 영이 현실을 떠나 영적인 세계로 들어가는 데에
방해가 될 수 있습니다.
그러나 우리가 영의 세계뿐만 아니라
오늘 이 물질 세계에서, 현실의 삶에서도
주님을 나누기 원한다면
우리는 얼마든지 눈을 뜨고 기도할 수 있습니다.

우리는 조용히 눈을 뜨고
우리의 눈에 보이는 모든 것들로 인하여 주님을 찬양하고
그것들을 주님께 드릴 수 있습니다.
형제 자매를 보면서 우리는 그들을 축복합니다.
어린 아기를 안아주면서 우리는 그들을 축복합니다.
자연을 보면서 우리는
이를 지으신 주님을 높이며 경배합니다.
사무실에서 일을 하면서
우리는 눈을 감고 주님과 깊은 교제 속으로
들어갈 수 없지만
눈을 뜬 채로 주님께 기도를 드릴 수 있습니다.

우리가 눈을 뜨고 기도를 드릴 때
우리의 기도는 단순하고 자연스러워지며
형식적인 미사여구를 사용하지 않게 될 것입니다.

그리고 특정한 곳에서 무릎을 꿇고 기도하지 않고도
하루종일 주님과 같이 지내는데
좀 더 익숙해질 수 있을 것입니다.

눈을 뜨고 기도하십시오.
그것은 당신의 일상의 삶이 주님께 드려질 수 있는
귀하고 아름다운 기도입니다.

31. 가장 바쁠 때 주님을 찾으십시오.

해야할 일이 너무 많이 밀려있어서
주님을 부를 수 없을 때
우리는 마음이 분주하고 쫓깁니다.
우리는 지금 도저히 주님과 같이 시간을 보낼 수 없으며
어느 정도 바쁜 것들이 마무리된 후에야
주님께 나아갈 수 있다고 생각합니다.

우리가 이처럼 바쁘고 쫓기는 상황에서
누군가가 우리를 귀찮게 한다면
아마 우리는 화를 낼 것입니다.
우리는 오직 빨리 일을 마치고
그저 일에서 놓여나고 싶은 그 마음 밖에는 없습니다.

그러나 너무 바빠서 주님을 찾을 수 없다고 하는
많은 사람들이
막상 일이 끝나고 탈진되었을 때 주님을 구하지 않으며
다른 것에서 휴식과 위안을 얻으려고 합니다.
그러므로 당신의 그 쫓김과 바쁨을
다시 한번 생각해 보십시오.
과연 지금은 주님을 부를 수 없습니까?
과연 지금은 주님의 도우심을 구할 수 없습니까?

아주 바쁘더라도
지금 한번 주님을 불러 보십시오.

오, 주님.
지금 너무 마음이 쫓기고 여유가 없군요.
지금 오셔서 저를 좀 도와주시겠습니까?

주님이 당신에게 임재하셨을 때
아마 당신은 새로운 것을 깨닫게 될지도 모릅니다.
실제로 일이 많지만 그것은 별것이 아니며
주님과 함께라면 그다지 쫓기는 마음으로 할 필요는 없다는 것을 말입니다.
그리고 많은 복잡하고 힘든 상황도 주님과 같이 있으면
그리 복잡하고 어려운 일이 아니라는 것을 말입니다.

기억하십시오.
바쁘고 쫓기는 마음은 환경으로부터 오지 않습니다.
그것은 당신의 마음이 주님을 떠나 일에 몰두할 때 옵니다.
당신이 만일 바쁜 중에도 주님을 의식할 수 있다면
그분을 당신의 사무실에 초청할 수 있다면
당신은 아마 안정되고 평화로운 마음으로
많은 일들을 처리할 수 있을 것입니다.

바쁜 상황에서 주님을 부르십시오.
힘든 일 속에서 주님과 같이 일하십시오.
그것은 당신에게 새로운 경험이 되며
우리의 많은 무거운 짐들을 가볍게 해 줄 것입니다.

그리하여 이 짧은 삶은 당신의 삶을
환희와 즐거움으로 가득하게 할 것입니다.
당신은 바쁘나 여유 있으나
상황이 단순하나 복잡하나
주님과 같이 걷는 삶은 아름답고 행복한 삶인 것을 알게 될 것입니다.

32. 모든 삶에서 주님의 메시지를 받으십시오.

영적으로 어릴수록 우리는 주님을 제한합니다.
은혜를 받고 감동을 받는 것도
아주 제한적인 곳에서만 가능합니다.
기도할 때만 교회에서 예배드릴 때만
주님이 역사하신다고 생각합니다.

영이 어릴수록 자기보다 더 지혜로운 사람에게서,
자기보다 더 지식이 많은 사람에게서,
자기보다 더 사랑이 많은 사람에게서만
교훈을 얻고 배웁니다.

그러나 우리의 영이 점차 자라며
주님의 실상을 좀 더 구체적으로 알아가게 될 때
우리는 모든 것에서 주님을 느낍니다.
기도를 떠나고 교회를 떠난 곳에서도
우리는 주님의 말씀하심을 느낍니다.

우리보다 지혜로운 사람뿐이 아니라
어리석고 바보 같고 단순한 사람에게서 쉽게 배우며

주어지는 모든 상황과 사건 속에서
우리는 주님의 가르침과 임재를 느낍니다.

우리가 자라갈수록
우리는 주님께서 모든 장소에서 모든 사람을 통하여
모든 상황을 통하여 우리를 가르치신다는 사실을
인식하게 될 것입니다.
그리고 이에 대하여 겸손하게 순종하고 굴복하며
주님을 배워나가고 지혜를 얻어
진정한 주님의 사람이 되어가도록 힘쓰게 될 것입니다.

33. 고통의 느낌에 대하여 예민해지십시오.

모든 사람은 본능적으로 고통을 싫어합니다.
고통이 오면 피하며 고통스러운 일이나 고통스러운 느낌이 있으면 그에 대하여 도피하거나 아니면 잊으려고 합니다.
하지만 고통은 하나의 메시지이며 마냥 나쁜 것만은 아닙니다.

고통이란 자연스럽지 않은 것입니다.
고통은 질서가 무너진 것이며 부자연스러움입니다.
그것은 하나의 경고입니다.
그것은 우리가 궤도에서 벗어나 있음을 보여주는 것입니다.

우리의 영혼이 주님과 함께 있을 때
주와 함께 걸으며 그분의 뜻 가운에 있을 때
우리는 자연스럽습니다.
편안하고 안정감이 있으며 행복하고 즐겁습니다.
그러나 어느 순간 우리에게 그 평정이 깨어져 버립니다.
그리고 뭔가 부자연스럽게 됩니다.

고통은 그러한 상태를 자연 상태로 돌리기 위한 경고입니다.
고통은 우리의 균형을 잡기 위한 우리 내부의 반응입니다.

우리에게 치통이 있을 때
그것은 우리가 올바른 것에서 벗어나 있음을 보여줍니다.
그것은 우리에게 바른 식생활을 하도록 메시지를 줍니다.
우리가 어떤 말을 하고 어떤 행동을 하고
느낌이 좋지 않을 때 자유함이 없을 때
그것은 우리가 뭔가 잘못되어 있음을 보여줍니다.
그것은 우리를 교정하고 균형으로 가도록 이끌어 줍니다.

고통은 처음에는 아주 작은 것으로 시작합니다.
우리의 몸에서 우리의 영혼에서 그리고 환경에서
아주 작은 고통의 느낌이 있습니다.
몸이 아프고 마음이 답답하며 환경이 자연스럽게 흘러가지 않습니다.
만일 그것에 대하여 우리가 메시지를 듣고 반응한다면
그 고통은 곧 끝이 나며 우리는 균형과 자연스러움을 찾을 것입니다.
신체가 피곤한 것도 메시지입니다.
우리가 그 음성에 예민하다면 우리는 굳이 질병에 걸릴 이유가 없을 것입니다.
그러나 우리는 많은 경우에 그 고통의 소리를 듣지 않습니다.
그 메시지를 거절합니다.
그리고 고통을 잊으려고 하고 우리의 의식과 기억 속에서 그것을 밀어놓습니다.

그 결과로 우리는 둔감해집니다.
고통이 우리 안에 있지만 우리는 둔감해져서 느끼지 못합니다.
그리고 그 때문에 우리는 알지 못하지만 우리 안에서 고통은 점점 커지게 됩니다.
고통은 우리의 영혼의 생명의 움직임에서 나오는 것이므로
그 메시지를 듣지 않으면 들을 때까지
그 고통은 점점 커질 수 밖에 없습니다.
그러므로 우리는 그것이 아주 심각해져서야 그것을 느끼고 발견하는 것입니다.

고통을 피하지 마십시오.
이빨이 아프다고 이빨의 신경을 뽑아버리면
고통의 감각은 없지만 우리는 이를 다 잃어버리게 됩니다.
고통의 메시지를 들으십시오.
억지로 참으려고 하지 마십시오.
몸의 고통이든 인간 관계의 고통이든
감정의 고통이든 영혼의 고통이든
주의 깊게 고통이 시작된 곳으로 가십시오.
당신이 그것을 아주 억압하지 않았다면
처음부터 심하게 아프고 견디기 어려운 것은 없습니다.
고통이란 자기를 무시했을 때 심하게 공격하는 것이며
그의 이야기를 잘 들어주면 그리 화내지 않습니다.

아주 작은 고통의 감각에도 반응하며
섬세하고 부드럽게 그것들에 대하여 반응하십시오.
조용히 반성하고
조용히 귀를 기울이는 것만으로도
처음의 조그만 고통은 멈춰집니다.
고통은 그들의 이야기를 겸손히 경청하는 것만으로도
만족하여 자기의 할 일을 마치고 집으로 돌아갑니다.

아주 작은 고통,
그저 뭔가 부자연스럽고 이상한 느낌..
균형이 깨지고 평화로움이 사라진 상태..
그 때 조용히 그것을 바로잡으려고 할 때에
다시 평화로움은 시작됩니다.

고통은 우리를 거룩한 곳으로 인도해줍니다.
고통은 우리를 태초의 자연스러움으로 이끌어 갑니다.
고통은 우리를 사랑의 주님께로 인도해갑니다.
고통은 스승이며 가르침이며 사랑입니다.
그것은 우리를 겸손하게 하고 지혜롭게 하며
영혼의 더 깊은 온전함으로 인도합니다.
고통의 소리를 들으십시오.
작은 거리낌에도 귀를 기울이십시오.
당신은 그 아름다운 열매를 경험할 수 있을 것입니다.

34. 눈에 보이는 모든 것들로 인하여 주님을 찬양하십시오.

눈에 보이는 모든 것들로 인하여 주님을 찬양하십시오.
눈에 보이는 모든 사람으로 인하여 주님을 높이십시오.
당신이 경험하는 모든 일로 인하여 주님께 경배하십시오.
찬양은 우리가 주님께로 가까이 나아가는
가장 근본적인 방법입니다.

온 우주에는 주님의 사랑과 영광이 가득합니다.
모든 만물이 주님의 영광을 찬양하지만
오직 인간만이 스스로를 높이며
스스로 만든 함정에서 고통스러워합니다.

우리가 주님을 경배하기 시작할 때
우리의 영혼은 날기 시작합니다.
우리가 환경을 보지 않고
배후에 계신 주님을 보기 시작할 때
우리의 영혼은 날기 시작합니다.
우리가 사람을 보지 않고
그 배후에 계신 주님을 보기 시작할 때
우리의 영혼은 날게 됩니다.

아침부터 밤까지
주의 영광을 보십시오.
그분께 경배를 드리며
그분의 임재 안에 머물러 있으십시오.

그 무엇에도 마음을 빼앗기지 말고
오직 주님의 영광에 마음을 두십시오.
슬프나 기쁘나 괴로우나 즐거우나
오직 주님의 얼굴에 당신의 마음을 두십시오.
모든 것들은 지나갑니다.
그러나 주님의 영광은 영원히 남으며
그분을 바라보고 찬양하는 당신의 영혼도
영원한 곳에서 영원히 남게 될 것입니다.

찬양...
그것은 주님의 임재를 가져옵니다.
그러므로 주를 보며 그분을 높이는 자 앞에
주님은 아주 가까이 오셔서
그분의 영광을 보여주시는 것입니다.

밤이 오고 죽음이 와도
그분의 영광은 사라지지 않습니다.
전쟁이 오고 세상이 변해도

그분의 임재는 소멸되지 않습니다.
그러므로 눈에 보이는 것을 붙들지 않고
영원히 계신 분을 붙잡는 이는
그 영원한 생명의 임재와 기쁨을
이 땅에서
그리고 영원한 곳에서 맛보게 되는 것입니다.

제 4장　　고요함

고요함은
주님의 임재에 나아가는 기초입니다.
무엇을 많이 하는 것이 아니고
그저 단순히 고요하게 있는 것만으로
우리는 주님의 풍성하심 속으로
들어가게 되는 것입니다.

35. 긴장을 푸십시오.

사람은 영혼과 육체로 구성되어 있습니다.
모든 아름다운 열매는 영혼의 활동을 통하여 이루어지며
육체가 독자적으로 움직일 때는 별로 좋은 열매가 없습니다.
왜냐하면 육체는 일시적이고 파생적인 존재이며
본질적이고 영원한 존재가 아니기 때문입니다.

긴장한 상태는 육체가 영혼을 꽉 잡고 억압하는 상태이며
그런 상태에서는 어떤 좋은 열매도 생산하기 어렵습니다.
분노도 미움도 두려움도 염려도 긴장 상태에서 나오는 것이며 영혼의 활동이 부족하기 때문에 나타나는 현상입니다.

긴장했을 때 사람은 실수하게 되며
긴장한 상태에서는 웃을 수도 사랑 할 수도 없습니다.
경직된 상태에서 우리는 평소의 힘을 발휘할 수가 없으며
그저 쉽게 폭발하고 넘어질 뿐입니다.

감동을 받는 것도 눈물을 흘리는 것도
긴장이 풀리고 부드러운 상태에서 옵니다.
지혜를 깨닫는 것도 미처 알지 못하던 해답을 계시처럼 경험하는 것도 부드럽게 릴렉스된 상태에서 이루어지는 것입니다.

긴장을 푸십시오.
당신의 몸과 마음을 부드럽게 릴렉스 시키십시오.
예배를 드릴 때도 감동과 은혜의 세계에 들어가고 싶다면
당신은 부드럽게 이완되어 있어야 합니다.
당신이 경직되어 있다면 당신은 아무리 충만한 은혜가 임하는 예배라고 하더라도 주님의 임재를 경험할 수가 없습니다.
당신의 경직됨이 영혼의 움직임을 막으며
영혼은 육체가 부드럽게 이완되어 있을 때 활동하고 흘러나오며 영의 세계를 경험하게 되기 때문입니다.

기도를 드리며 주를 바라보면서
온 몸을 부드럽고 편안하게 하십시오.
온 몸의 긴장을 머리의 긴장을
부드럽게 풀어놓으십시오.

얼굴의 근육을 부드럽게 하십시오.
눈의 근육을 부드럽게 하십시오.
머리의 근육을 부드럽게 하십시오.
얼굴이 긴장된 사람은 표정이 사납습니다.
눈이 긴장된 사람은 화를 많이 냅니다.
머리가 긴장된 사람은 밤새 생각이 떠오르는 것을 멈출 수 없으며
그러므로 불면증에 시달리게 됩니다.

당신이 이 모든 것을 부드럽게 할 수 있다면
당신은 훨씬 더 편안하고 느긋해지게 될 것입니다.

항상 쫓기는 사람들
항상 거창한 목표를 가지고 있어서 자신과 남을 괴롭히는 사람들
그들은 모두 긴장되어 있는 사람들입니다.

주님 앞에 나아갈 때
당신의 마음을 부드럽게 하십시오.
여유롭고 느긋하게 하십시오.
영원한 세계에서는 쫓김이 없으며
거기에는 오직 평화로움과 기쁨이 있을 뿐입니다.

부디 편안하십시오.
그리스도의 평강이 당신을 주장하게 하십시오.
편안함은 모든 열매의 기초입니다.
사랑도 기쁨도 친절도 그 모든 것도
이 편안함의 기초 위에 세워지는 집입니다.
당신이 기도하면서 이 릴렉스를 배울 수 있다면
당신은 주님의 임재 속으로 좀 더 깊이 들어갈 수 있을 것입니다.

36. 고요한 마음을 훈련하십시오.

주님을 경험하기 위하여
고요한 마음을 훈련하십시오.
주님이 계시는 영계는
고요하고 잔잔한 곳이며
바쁘고 쫓기는 마음은
그곳으로 들어갈 수가 없습니다.

우리의 마음이 고요해질수록
우리는 주님의 임재를 경험하게 되며
우리의 마음이 흥분되고 바쁠수록
우리는 그분과 멀어지게 됩니다.

세상은 항상 우리를
급하고 쫓기게 만들지만
주님이 계신 곳에는 평안이 있으며
이 깊은 평화의 바다에 잠길수록
우리는 주님과의 깊은 사랑의 교제에
잠기게 되는 것입니다.

37. 고요함 속에 머무십시오.

영혼을 깨우며
영혼의 음성을 들을 수 있는 하나의 좋은 방법은
고요함 속에 머무는 것입니다.
아무 것도 들리지 않고 보이지 않는
그런 곳에서 그런 상태에 있는 것입니다.

우리는 우리가 느끼지 못하는 순간에도
항상 소리와 빛에 노출되어 있습니다.
우리의 귀에 들리는 여러 소음들,
우리의 눈에 보이는 많은 것들이
우리의 겉 사람을 흥분케 하고 영향을 줍니다.
그리하여 우리의 겉 사람은 긴장하고 흥분되어서
우리의 속 사람은 잘 활동하지 못합니다.

우리는 그러한 요란함과 어수선함에 중독이 되어 있어서
오히려 고요함을 참지 못하며 공백을 견디지 못합니다.
소리의 공백, 눈의 공백을 참지 못합니다.
그래서 우리는 은행에서 무엇을 기다릴 때에도
잡지라도 보려고 하며
혼자 있으면 TV든지 무엇이든지
눈에 무엇을 넣으려고 합니다.

오.. 그러나 그러한 습관들이
얼마나 우리의 영혼을 지치고 피곤하게 하는지요..

눈으로 들어오는 것 귀로 들어오는 것은
겉 사람을 자극합니다.
겉 사람은 그러한 자극에 대하여 기계적으로 반응하며
그 영향력에서 벗어나지 못합니다.
에덴 동산에서 아담의 겉 사람은 선악과 나무 밑에서
사단의 음성을 들었으며
금단의 열매를 열심히 쳐다보았습니다.
그리고 그는 귀에 들리는 대로
눈에 보이는 것을 먹었습니다.
우리의 심령은 싫어하고 거부해도
겉 사람이 무엇을 보고 들으면
우리는 그것에 끌려가게 되며
속 사람은 탄식하지만 어쩔 수 없이 동참하게 되는 것입니다.

가끔씩 그 모든 외부의 것들을 중단시키십시오.
들리는 것에서 보이는 것에서 겉 사람을 해방시키십시오.
TV를 끄십시오.
전화기의 코드를 빼어 놓으십시오.
핸드폰의 전원을 꺼 놓으십시오.
아무 것도 당신의 귀에 들리지 않게 하십시오.

눈을 감으십시오.
눈에 세상의 빛이 들어오지 않게 하십시오.
아무 것도 보이지 않게 하십시오.
여태껏 당신을 지치게 했던 그 모든 것들에게서
당신을 떼어 놓으십시오.

당신은 익숙하지 않겠지요.
그러한 모든 것들을 통해서
기쁨과 육신의 생명을 얻었기 때문에
당신은 불안하거나 초조해 질 수도 있습니다.
그러나 보이고 들리는 것을 차단하고
그 고요함에 익숙해지면
당신은 일시적으로 이 세상에서 떠나는 것이며
당신의 내부에서 영계가 시작됩니다.

누구든지 육신의 자극이 끝나면
영계가 시작되며
당신은 당신의 내부에서 들려오는 메시지를 받게 됩니다.
겉 사람의 활동이 중단되면
속 사람의 활동이 시작되며
그 아름답고 놀라운 열매가 맺어지기 시작하는 것입니다.

아마 대부분의 사람은 내면의 훈련에 익숙하지 않기 때문에
그렇게 외부의 자극이 없어지면 바로 잠이 들 것입니다.
그러나 차츰 당신이 영혼의 감각에 익숙해지면
당신은 잠들지 않고 그 고요함을 즐기게 되며
그 고요 속에서
예전에 알지 못했던 기쁨
육체의 세계와 비교할 수 없는 기쁨의 세계가 있다는 것을
당신은 경험하게 될 것입니다.

자주 그 세계에 들어가십시오.
외부의 세계를 차단하고
내면의 영계에 들어가십시오.
그 기쁨, 영광과 감격의 세계에 들어가십시오.
그 경험이 깊어질수록
당신은 허탈한 많은 욕망에서 벗어나게 될 것입니다.
자아적이고 육적인 많은 즐거움에서 벗어나게 될 것입니다.
그것은 도저히 비교할 수 없는 것이기 때문입니다.

고요함 속에서 영혼의 문은 열립니다.
겉 사람이 잠잠할 때에 속 사람의 움직임은 시작됩니다.
기도는 바로 그러한 것이며
내면의 문이 열리고 영원과의 교통이 시작되는 것입니다.
많은 이들의 기도가

그러한 영의 세계, 영의 교통에 들어가지 못하고
바깥 세계의 욕망에 치우쳐 있는 것은
너무나도 안타까운 일입니다.

마음의 골방에 들어가
세상으로 향하는 바깥의 문을 닫고
주님과의 아름다운 사귐
내면의 문을 여십시오.
그것은 진정한 행복이며
그 기쁨을 아는 자는
그 어느 것과도 그것을
바꾸지 않을 것입니다.

38. 모든 동작을 정지하십시오.

모든 생명이 있는 것들은 움직임이 있습니다.
모든 죽은 것들은 움직이지 않습니다.
그러므로 생명은 움직임을 낳고
움직임은 생명을 표현합니다.

육신의 움직임은 육신의 생명을 표현하며
육신의 정지는 육신의 죽음을 의미합니다.
잠이란 부분적인 육신의 죽음입니다.
휴식이란 일시적인 육신의 죽음입니다.
이러한 육신의 일시적인 죽음을 통해서 영혼은 활동하며
그러므로 온전한 휴식이란
육신의 온전한 죽음과도 관련되어 있는 것입니다.

영혼의 움직임을 일으키기 위하여
이러한 일시적인 죽음을 훈련하십시오.
육신의 죽음을 훈련하십시오.
육신의 일시적 죽음 -
그것은 모든 행동, 동작의 정지를 말합니다.

침묵 - 그것도 일종의 죽음입니다.
눈을 감기 - 그것도 일종의 죽음입니다.
모든 움직임의 정지 - 그것도 일종의 죽음입니다.

생각의 정지 - 그것도 일종의 죽음입니다.
호흡의 정지 - 그것도 일종의 죽음입니다.
이러한 정지 훈련을 통하여
당신은 짧은 시간에 온전한 휴식을 취할 수 있으며
놀랄 만큼 영혼이 맑고 명료해지는 것을
경험하게 될 것입니다.

온전한 휴식을 훈련하십시오.
누워있든지 앉아있든지
잠시의 시간을 정하여
털끝 하나도 움직이지 마십시오.
손과 발과 온 몸을
완전하게 땅에 달라붙은 듯이 움직이지 마십시오.
짧은 시간이지만 호흡도 정지해보십시오.

특별히 분노가 치밀 때 절망이 올라오고 있을 때
이 정지의 훈련을 해보십시오.
분노도 절망도 다 육신의 생명에서 나오기 때문에
이렇게 움직임을 정지하는 순간
그들의 생명도 죽으며
더 이상 역사하지 못합니다.

두려워하지 마십시오.
이것은 정말로 죽는 것이 아닙니다.
이것은 육신의 생명을 잔잔하게 하는 것이며
잠시의 훈련 뒤에는 훨씬 우리의 몸과 마음을
신선하고 가볍고 맑게 합니다.

호흡도 움직임도 정지하는 순간
놀라운 평화가 오며
온 몸에 기름부음이 오기 시작합니다.
온 몸에 짜릿한 전기가 느껴지며
어떤 묵직한 힘이 당신에게 임하게 됩니다.

만일 당신이 아직 거듭나지 않은 사람이라면
아직 주님과 구원과 성경에 대하여 잘 모르는 사람이라면
나는 이 훈련을 권하고 싶지 않습니다.
왜냐하면 주님의 영이 아닌 다른 영들이 올 수 있기 때문입니다.
그들은 미혹의 영이며 이상한 깨달음을 당신에게 줄 수 있습니다.
그러나 당신이 거듭난 사람이며 주를 사랑하는 분이라면
주님은 이 훈련을 통하여 당신에게 가까이 임하시며 당신은 그분의 체취와 임재를 쉽게 누릴 수 있을 것입니다.

정지는 영의 세계의 입문입니다.

어느 누구도 말하고 뛰고 활동하면서 깊은 세계에 들어갈 수는 없습니다.

정지는 새로운 세계의 시작이며 내면의 활동을 일으키는 기초입니다.

이 기초의 훈련을 통하여 당신의 영혼은 조금 더 예민해지게 될 것입니다.

주님의 인도에 대하여 음성에 대하여 조금 더 민감해질 것입니다.

잠시의 휴식이 끝난 후

당신은 새롭고 생생해진 몸과 영혼으로

당신에게 맡겨진 일들을 기쁨으로 수행할 수 있게 될 것입니다.

모든 것을 멈추는 것 -

그것은 영의 세계로 나아가며 주님께로 나아가는

또 하나의 좋은 방법입니다.

39. 안식하십시오.

육신의 역사와 열매는 항상 거칠고 강하며 부자연스럽고
영혼의 열매는 항상 부드럽고 유연하며 자연스럽습니다.
육신의 열매는 억압적이며 마치 억지로 짜내는 것처럼 힘이 듭니다.
그러나 영혼의 열매는 저절로 흘러나오는 것 같이 가볍고 쉽습니다.
율법은 육체의 노력과 관련되어 있으며
은혜는 영혼의 움직임과 관련이 있습니다.

많은 이들이 죄에서 해방되기 위하여 사랑하기 위하여 용서하기 위하여 애쓰고 노력합니다.
그들은 작정 기도를 하며 철야 기도와 금식 기도 새벽 기도를 많은 시간을 들여 열심히 애쓰지만 이상하게도 별로 애쓰는 만큼의 열매를 얻지 못합니다.
간혹 적은 승리를 경험하기도 하지만 곧 다시 실패와 좌절이 돌아옵니다.
이는 그들의 안식 속에서 영혼이 활동하며 모든 아름다운 열매는 영혼의 움직임을 통한 성령의 열매임을 알지 못하기 때문입니다.

많은 이들이 안식하며 육을 쉬게 할 때 영혼이 활동하며 영혼이 움직이는 만큼 자유함과 해방이 오는 것을 알지 못합니다.

시편의 기자처럼 그들은 새벽에 일찍 일어나고
종일 피곤한 몸으로 쉬지 않고 일하며
밤에 늦게 자리에 눕습니다.
그러나 그들은 열매가 없으며
참된 기쁨과 만족과 변화를 경험하지 못합니다.
그것은 그들이 안식과 은혜의 법을 알지 못하기 때문입니다.

노력하고 애쓸 때 육체는 긴장합니다.
하고 싶지 않은 것을 억지로 자신을 채찍질하며 다그칠 때
그것은 순교적인 삶인지 모르지만
성령 안에서 열매맺는 자유로운 삶은 아닙니다.
어떤 사람이 정욕을 이기기 위해서 밤낮 자기를 채찍으로 때린다고 해서 그가 자유롭게 되는 것은 아니며
육이란 오직 조용히 안식할 때 그의 영혼이 흘러나오며 영의 풍성한 열매를 맺게 되는 것입니다.

주를 위하여 무엇인가를 하려고 애쓰지 말고
주님이 이미 이루어놓으신 일들을 받아들이십시오.
사랑 받을 조건을 만들려고 애쓰지 말고
우리 모습 그래도 사랑하시고 받아주시는 주님의 은혜와 사랑을 그저 받아들이십시오.

자신을 자책하지 마십시오.
할 수 없는 것을 하려고 하지 마십시오.
감동이 오지 않는 것을 순종하려고 애쓰지 마십시오.
주님의 역사는 자연스럽게 진행됩니다.
그러한 긴장은 육체를 경직시켜서
각종 부작용과 나쁜 열매를 맺게 합니다.

억지로 하려고 하지 마십시오.
그저 조용히 안식하십시오.
내가 하려고 하지 마십시오.
그저 조용히 주님께 맡기십시오.
주님이 당신에게 감동하시면
당신은 어떤 일이 아주 즐겁게 여겨지며
그 일이 하고 싶을 것입니다.
그러나 주님의 감동이 아니라면
당신은 그 일에서 별로 감동과 즐거움을 누리지 못하며
별로 열매를 맺을 수 없을 것입니다.

안식하며 주님을 누릴 때
주님은 우리 안에서 일하기 시작하십니다.
그리고 그분의 일은 아주 쉽고 재미있습니다.
우리는 아주 자연스럽게 그분의 열매를 맺게 됩니다.

나는 오래 신앙 생활을 하면서 아주 경직되어 있는 분들을 많이 보았습니다.
그들은 얼굴도 말도 표정도 행동도
모든 것이 경직되어 있었습니다.
나는 그들이 죄에서도 승리가 부족하고
사랑의 열매도 부족하며 지혜와 포용과 융통성과 모든 면에서 힘들게 사는 것을 보았습니다.
그들은 어둡고 창백하며 항상 화가 나 있는 듯이 보이고
차갑고 공격적이며 비판적이며
삶의 여유와 즐김이 없었습니다.
그들은 그것이 바른 신앙이라고 믿고 있는 것 같았습니다.

또한 나는 드물지만 부드럽게 안식하는 분들을 보았습니다.
그들은 웃음과 여유가 있으며
사랑과 따뜻한 정과 용납이 있으며
유머와 즐거움과 부드러움이 있었습니다.

그 둘의 차이는 무엇일까요?
그것은 바로 안식의 여부인 것입니다.
안식은 사람의 영혼을 풀어놓으며
아름다운 열매를 맺게 합니다.
남들이 오래 믿으며 온갖 기도를 하면서 이루지 못하는 것들을 그들은 웃으며 놀면서 쉽게 이룹니다.

안식을 모르는 이들은
남들보다 몇 배나 노력하고 기도하고 마음을 쓰면서도
약속된 신령한 것들을 얻지도 누리지도 못합니다.

안식을 배우십시오.
주님 안에서 편안하게 쉬십시오.
긴박감 속에서 살지 말고
모든 짐은 주님께 맡기고
모든 미래는 주님께 의탁하며
오늘 하루를 부드럽고 자연스럽게
편안하게 사십시오.

이를 악물고 믿지 말고
그저 취미생활 하듯이 부드럽고 즐겁고 자연스럽게
그렇게 믿음을 즐기십시오.
기도가 의무가 아니고 취미가 되고
말씀의 묵상을 낙으로 삼아
그저 편안하게 즐기십시오.

한번 넘어지고 나면
그 까짓 것! 하고 일어나 주님을 찬양하십시오.
죽을 상이 되어 주님.. 저를 데려가 주세요.. 하지 마십시오.
주님이 그러한 쓸 데 없는 기도에 응답하지는 않으시겠지만 그러한 것은 에너지의 낭비입니다.
조금 어려움이 있다고 온갖 엄살을 부리며
자신을 불쌍히 여기지 마십시오.
환경과 고통이 영혼을 힘들게 하는 것이 아니라
그러한 몸부림이 영혼을 힘들게 하는 것입니다.

기도도 전도도 예배도 어떤 사역도 일로 여기지 말고
즐거움으로 가벼운 마음으로 하십시오.
하기 싫으면 하지 않아도 됩니다.
억지로 하는 것은 육으로 하는 것이며
그것은 뭔가 주님과 막힌 것이 있으므로 주께 물어서 인도를 받아야 합니다.
그럴 때 억지로 하는 것은 사역에도 열매가 없고 자신의 영혼 자체도 무거워지게 됩니다.

몸이 피곤하면 충분히 쉬십시오.
마음이 지쳐있으면 충분히 쉬십시오.
지친 상태에서 많은 일을 하려고 하지 마십시오.
많은 이들이 율법적인 사고 속에서 자라왔기 때문에
그들은 안식에 익숙하지 않으며
그러다가 주님께 버림받지 않을까 두려워합니다.
그러므로 그들은 힘들고 지치며 영혼의 열매를 맺지 못하는 것입니다.

기억하십시오.
주님은 우리에게 안식을 주는 분이십니다.
주님은 당신의 행위로 인하여 당신을 사랑하시는 것이 아니라 당신의 존재 자체를 사랑하십니다.
그러므로 당신이 주님의 사랑을 받아들이며
주 안에서 충분히 안식할 때
당신은 자유롭게 되며
사역을 하면서도
누림과 즐거움 속에서 할 수 있게 되는 것입니다.

육체의 긴장은 사람을 억압하지만
안식은 영혼의 힘을 풀어놓아 주님의 존전에 이르게 합니다.
부디 안식을 배우십시오.
당신은 진정한 영혼의 자유를 맛볼 수 있을 것입니다.

제 5장 움직임

고요함 속에 머물러 있으면
우리는 주의 임재 가운데 있을 수 있습니다.
그러나 또한 우리는 움직이면서도
주님의 임재를 유지해야 할 것입니다.

40. 기름부음을 따라 말하십시오.

주님은 우리 안에 거하시며
우리의 행동에 의하여 말에 의하여 영향을 받으십니다.
우리 안에 계신 주님에게
그리고 우리 영혼에게 가장 큰 영향을 미치는 것은
아마 언어일 것입니다.

어떤 이들은 언어를 전혀 주님께 통제받지 않으며
그러한 이들은 결코 그들의 영성의 충만함을
유지할 수 없습니다.
왜냐하면 영성의 충만함을 가장 잘 소멸시키는 것이
한 마디의 언어이기 때문입니다.

나는 많은 사람들이
많이 기도를 해서 얻는 영적인 에너지를
단순한 몇 마디의 말을 통하여 소멸하는 것을 보았습니다.
그것은 너무나 어리석은 일이었습니다.

어떤 이들은 간신히 영적인 충만함을 얻었다가
별 생각없이 많은 대화를 나누고
탈진상태가 되기도 했습니다.
그것은 너무나 비참한 일입니다.

당신의 영적 충만을 위하여
당신의 혀를 주님께 드리십시오.
주님의 기름부음 속에서
조심스럽게 말하십시오.
당신이 말을 할 때
당신의 내면의 기름부음이 증가되는지
아니면 소멸되는지를
조심스럽게 살피십시오.

우리가 어떤 말을 할 때
우리는 우리 속에서
주님의 감동과 기쁨이 역사하는 것을 느끼게 됩니다.
그 언어를 통해서 표현을 통해서
주님은 우리 안에서 충만하게 역사하십니다.
그러나 어떤 말은 불과 몇 마디를 했을 뿐인데
우리 안에서 영적인 힘이 싸늘하게 식어버리는 것을 느끼게 됩니다.

우리는 비난의 고백, 근심에 대한 고백, 불신앙의 표현 들을 통하여 우리의 영혼이 메마르고 약해지는 것을 느끼게 됩니다.
그러나 어떤 말들은 그리 나쁘지 않은 말인데도 불구하고
우리 안에서 영혼의 힘이 약해지고 기쁨을 빼앗아 갑니다.

그것은 주님의 내적인 기름부으심이
우리를 막으시며 인도하시는 것입니다.

내면의 감동을 따라 말하는 것을 훈련하십시오.
내면의 기름부음을 따라 말하십시오.
아무리 좋은 말이라고 해도
함부로 말하지 마십시오.
동일한 말도 주님이 명령하지 않으셨다면
그것은 좋은 말, 생명의 언어가 아닙니다.

당신이 주님의 기름에 따라 말하는 것에 익숙해진다면
당신은 언제 전도해야 하는지
어떻게 증거해야 하는지
무슨 말을 전해야 하는지
주님께서 무엇을 전하기를 원하시는지
쉽게 알게 될 것입니다.

당신의 혀를 주님께 맡기십시오.
그리고 주님의 감동을 따라 말하십시오.
그것은 당신이 주님의 사람이 되기 위한
필수적인 하나의 과정입니다.

41. 기름부음을 따라 행동하십시오.

우리의 언어를 통하여 기름부음이 바뀌어지는 것처럼 우리의 사소한 행동도 우리의 내면의 영혼에 영향을 끼칩니다.

어떤 행동을 할 때는 우리의 내면에 기쁨과 평강이 흐르고 우리의 영혼이 그 행동을 지지해주는 것같이 느껴집니다.

그러나 어떤 행동을 하게 되면 우리 안에서 뭔가 힘들고 피곤하며 자연스럽지 않는 느낌이 옵니다.

이와 같이 행동도 우리의 내적인 기름부음을 증가시키거나 소멸시키는 것입니다.

나는 언젠가 밖으로 외출할 일이 있어서 일어나서 옷을 갈아입었습니다.

그러나 그 순간 마음이 불편해지기 시작했고 내면에 평강과 기름부음을 느낄 수 없었습니다.

그래서 나는 외출을 포기하고 다시 옷을 갈아입고 주저 앉았습니다.

그러나 그와 동시에 이제는 평안함이 밀려 왔습니다.

그래서 나는 다시 옷을 갈아입고 밖으로 나가려고 했습니다.

그러자 다시 마음이 좋지 않았습니다.

몇 번의 반복을 거친 후에 나는 주님께서 내가 그 시간에 밖으로 나가는 것을 기뻐하지 않는 다는 것을 알게 되었습니다.

우리는 마음의 생각과 주어진 상황에 따라 행동하며 주님의 내적인 기름부으심과 인도하심에 대하여는 그리 신경을 쓰지 않는 경향이 있습니다.

그러나 우리가 기도하고 예배할 때만 주님과 교제하기를 원치 않으며 모든 일 가운데 주님과 함께 동행하고 그분의 인도를 받기 원한다면 우리는 모든 행동에 있어서 내면의 기름부음을 살펴야 합니다.

내면의 감동과 기름부음이 있을 때
우리는 자신감이 있고 평안합니다.
우리는 마음이 즐겁고 마치 어떤 힘이 뒤에서 밀어주는 것처럼 몸과 마음이 가볍고 행복합니다.
그러나 어떤 경우에 우리는 마치 끌려가는 느낌이 들며
마지못해 억지로 하는 것 같은 기분이 듭니다.
우리는 그러한 삶이 어쩔 수 없는 것이라고
어차피 세상은 피곤한 것이며 환경에 치여서 살 수 밖에 없다고 생각합니다.
그러나 그것은 바른 생각이 아닙니다.
우리가 주님의 바른 기름부으심과 인도 속에서 산다면
우리의 영혼은 언제 어디서나
생기와 자유함을 유지할 수 있게 됩니다.

기름부음 속에서 움직이는 것을
조금씩 훈련하십시오.
편지를 보내기 전에 기름부음이 있는지 살펴보십시오.

전화를 하기 전에 기름부음이 있는지 확인해 보십시오.
약속을 하고 나서 후회하지 말고
약속을 하기 전에 내면의 기름부음이 어떠한지
주의 깊게 관찰해 보십시오.
어떤 이들은 시도해보지도 않고
자기는 영적인 사람이 아니며
그러한 감동에 대해서는 도무지 알 수가 없다고 불평합니다.

기분이 좋은지 나쁜지 아는 것이 그렇게 어려울까요.
즐거운지 속이 상하는 지 분별하는 것이 그토록 어렵습니까.
내면을 살피는 것은 하나의 훈련입니다.
하지만 많은 이들은 그러한 훈련에 익숙하지 않으며
본능적으로 기분과 상황에 따라 삽니다.

지금부터 훈련하십시오.
그것은 하나의 습관입니다.
조금씩 당신이 내면을 살필 때
당신은 그 내면의 감동에 익숙해지게 됩니다.

환경은 좋으나 왠지 속에서 좋지 않은 것을
환경은 좋지 않지만 왠지 속에서 하고 싶고 즐거운 것을
당신은 느낄 수 있게 됩니다.

내면의 기름부음을 따라 움직이십시오.
당신은 할 수 있으며
당신은 내적인 감동과 인도하심에 대하여
날마다 더 깊이 발전해갈 수 있을 것입니다.

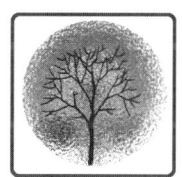

42. 불안할 때 움직이지 마십시오.

마음이 불안할 때 움직이지 마십시오.
말도 하지 말고 어떤 행동도 취하지 말며
어떤 일도 추진하지 마십시오.
마음이 불안할 때 하는 일들은
아무리 겉으로는 좋게 보여도
결코 좋은 열매를 맺지 못합니다.

우리의 마음은 영혼의 표현이며
우리의 영혼은 우리가 알던 모르던 항상 영계와 교통합니다.
마음의 불안은 악하고 나쁜 영적인 에너지를 영혼이 느끼는 것이며
 그 때는 조용히 기다리고 안식해야지
 움직이고 활동해서는 안됩니다.

마음이 불안할 때
모든 행동을 멈추십시오.
할 수 있는 한 모든 활동을 중지하십시오.
그리고 조용히 기다리며 기도하십시오.
주님의 음성을 기다리며
그 불안의 이유를 물으십시오.
그것이 어떤 경고인지
어떤 새로운 인도하심의 부르심인지

조용히 주께 물으며 확인하십시오.

시간이 지나고 다시 마음에 평온이 온다면
당신은 근신을 그치고 다시 활동할 수 있습니다.
그러나 아직 평안이 오지 않았다면
당신은 좀 더 기다려야 합니다.
아직도 불안하다면
그 일이 무엇이든 결코 서두르지 마십시오.
많은 사람들이 그들의 급한 마음 때문에
그러한 경고를 듣지 않다가 실패와 고통을 자초하였습니다.

주님은 우리 안에 계십니다.
그분은 우리를 이끄십니다.
그분의 인도 속에서
그 지배하심 속에서 움직이는 이는
항상 평강을 누리며
그 주님의 풍성하신 열매를 경험하게 될 것입니다.
평안 속의 움직임 –
그것은 주께 인도 받는 사람의 행동의 기초입니다.

43. 천천히 말하십시오.

천천히 말하십시오.
부드럽게 말하십시오.
천천히 움직이십시오.
함부로 말하고 거칠고 바쁘게 움직이지 마십시오.
그러한 것은 쉽게 주님의 임재를 상실하게 합니다.
당신이 주님의 임재를 상실해 버릴 때
그것은 살아있으나 살아있는 삶이 아닙니다.

빨리 말하면서도
주님의 임재와 역사를 잃지 않을 수 있다면
급하게 행동하면서도
주님의 임재를 잃지 않을 수 있다면
강하고 빠른 말을 통하여 주님이 역사하신다면
그것은 괜찮습니다.
당신이 어떤 상황에 있더라도
주님의 임재가 소멸되지 않는다면
그것은 좋은 것입니다.

그러나 당신의 상황이 바깥의 상황이
아무리 좋아보여도
당신이 주님과의 가까움을 잃어버리고 있다면
그것은 뭔가 잘못되어 있는 것입니다.

당신의 말과 행동이, 생각이
주님을 잃어버리지 않게 하십시오.
주님 안에서 말하고
주님 안에서 움직이십시오.
말할 때 주님을 말해내고
침묵할 때 주님을 생각하십시오.

주님은 생명이시며
우리가 그분을 기억하며
그분 가운데에서 움직일 때
우리는 생명의 열매를 맺게 되는 것입니다.

44. 무익한 말을 조심하십시오.

주님께 나아가서 기도하고 주님과 교통하며 주님의 풍성한 은혜를 경험하는 것은 참으로 귀하고 아름다운 일입니다.
그러나 그렇게 은혜를 얻는 것도 중요하지만 그렇게 얻은 은혜를 유지하는 것도 중요하며 어려운 일입니다.
챔피언이 되는 것보다 지키는 것이 더 어렵다는 말이 있을 정도로 그것은 쉬운 일이 아닙니다.
우리가 얻은 영적인 충만함, 풍성함을 소멸하는 데에 가장 많이 쓰여지는 것은 바로 우리의 입입니다.

양동이에 물이 가득 차 있어도 그 그릇에 구멍이 나 있다면 그 그릇은 얼마 가지 않아서 텅 비게 될 것입니다.
마찬가지로 우리가 우리의 입을 지키지 않는다면 우리는 우리 영혼의 충만함을 계속 유지할 수가 없습니다.

무익한 말들은 영혼의 풍성함과 충만함을 흘러나가게 합니다.
장난기로 가득한 말, 의미 없는 농담이나 희롱의 말, 별 생각 없이 던지는 세상 돌아가는 이야기들.. 그것들은 언제인지 모르게 우리의 영혼의 힘을 빼앗아 가버립니다.

어떤 유머는 격조 높은 것이며 그리스도인의 행복하고 즐거운 삶을 표현하는 것들이 있습니다. 그러나 어떤 것들은 유치하고 천박하며 우리의 영혼을 손상시킵니다.

주님이 오셨을 때
그분을 유지하십시오.
그분의 풍성함, 그분의 자비, 그분의 거룩하심을
쉽게 잃지 말고 유지하십시오.
그것은 우리의 혀를 조심하여
무익한 대화에 쉽사리 끼어 들지 않는 것입니다.

평온한 침묵은 영혼의 충만함을 보존하고
그 힘을 축적시키며
당신이 말하고 영이 흐르게 해야 할 때
그 풍성함을 표현할 수 있는 준비가 됩니다.

강아지들이 던져진 공을 보고 본능적으로 달려가듯이
많은 이들이 본능적으로 화제에 끼어 들어
여러 가지의 이야기를 쏟아 붓습니다.
그래서 그들의 영혼을 황폐하게 합니다.
그러나 당신이 당신의 입을 무익한 대화로부터 지킬 수 있을 때 당신은 당신의 영혼을 보존할 수 있을 것입니다.
그리고 주님의 새로운 부어주심을 위하여
당신은 준비될 수 있을 것입니다.

45. 바깥일에 너무 흥분하지 마십시오.

훈련되지 않은 우리의 겉사람은
바깥일에 너무 예민하게 반응합니다.
TV의 뉴스 하나에도 벌벌 떨며
사소한 사건에도 걱정으로 가득합니다.
대수롭지 않은 일에 크게 기뻐하며
별 것 아닌 일에 너무 속이 상해하고 분노합니다.
마치 주님이 이 세상을 다스리시지 않는 것처럼 염려합니다.

그러나 그러한 요란한 반응은
당신의 영혼을 피곤하게 하고 질식시킵니다.
영혼이 너무 지쳐서 주님을 바라보지 못하며
주님의 임재와 그 음성에
귀를 기울이지 못하도록 방해합니다.

어떤 두려움이 왔을 때
그 두려움이 영원한 것인지 묵상해보십시오.
어떤 즐거운 일이 생겼을 때
그 즐거움이 100년 이상 지속되는 것인지 생각해 보십시오.
어떤 억울한 일을 겪었을 때
그것이 영원히 용서할 수 없는 죄인지 묵상해보십시오.

대부분의 흥분은
기쁨이든 슬픔이든
영을 방해합니다.
영은 고요하고 잔잔한 것이며
흥분과 법석은 어떤 종류이든 영을 억압하고 누릅니다.

조용한 내면의 기쁨을 발견하십시오.
그 내면의 즐거움은
일시적인 세상의 쾌락과는 비교할 수 없는 것입니다.
나는 지금껏 살면서
기도와 묵상 이상의 더 큰 기쁨을 발견해 본 적이 없습니다.

영이 어릴수록
사람들은 육체와 환경의 기쁨과 본능적인 쾌락에 매달리지만
영이 자라갈수록
사람들은 영원과 맞닿아있는
측량할 수 없는 기쁨의 바다를 경험하게 되고
세상에 숨겨진 그 비밀스러운 기쁨의 세계를
계속 더 누리기를 원합니다.

당신의 마음을 내부에 두십시오.
그리하여 바깥 일에 점차로 초연해지는 것을 배우며
내면의 영원하고 아름다운 기쁨의 불꽃이 타오르게 하십시오.

바깥의 기쁨은 잠간이지만
내면의 기쁨은 영원한 것이며
그것이 주님을 추구하는 이들이 경험하는
참다운 행복이며 만족인 것입니다.

제 6장   영의 표현

우리 안에 영혼이 있으며
우리 안에 주의 영이 거하십니다.
그 영은 바깥으로 표현되어야 합니다.
그 영이 바깥으로 흘러나올 때
우리는 놀라운 자유함 속으로
들어가게 되는 것입니다.

46. 방언기도를 드리십시오.

주님의 임하심을 기다리며
입술을 주님께 맡기십시오.
무엇을 말하려고 하지 말고
그저 주님이 사용하실 수 있도록
혀를 주님께 드리십시오.
처음에는 어색한 느낌이 들고
별로 익숙하지 않겠지만
당신의 안에 계신 주님의 영을
그렇게 부드럽게 풀어놓으십시오.

입을 주님께 맡기고 마음을 쏟으면서
계속 방언을 하십시오.
당신은 그 의미가 무엇인지 몰라도
심령 속에서 눈물이, 통곡이, 간절함이 쏟아져 나오는 것을 느끼게 됩니다.
그것은 주님께서
오랫동안 당신의 안에 갇혀 있다가
그분의 마음을 표현하시는 것입니다.
당신은 후련하고 포근하며
자유스러운 감정이 어떤 것인지
곧 알게 될 것입니다.

방언기도는 당신의 영혼을 풀어 놓아줍니다.
그것은 당신의 영이 더욱 민감해져서
주님의 임재에 쉽게 들어갈 수 있도록 도와줍니다.

방언을 통하여 주님께 나아가십시오.
당신은 아름답고 놀라운 세계를
새롭게 경험할 수 있을 것입니다.

47. 영의 춤을 추십시오.

당신의 주님의 기름부으심에 대하여 알고 있다면
주님의 능력으로 만져진바 되었다면
당신은 신령한 춤을 출 수 있습니다.
아니, 그러한 경험이 없더라도
당신은 영의 춤을 출 수 있습니다.

조용히 주님을 향해 일어나서
두 손을 넓게 벌리십시오.
온 몸에 긴장을 풀고
눈을 감은 채로
주님께서 당신에게 임하시기를
주님의 기운이 당신을 움직이시기를
조용히 기도하며 기다리십시오.

그리고 믿음을 가지고
조금씩 팔을 움직여 보십시오.
처음에는 몹시 어색하고
자신이 억지로 하는 것같이 느껴질지 모릅니다.

그러나 조금 지나면
저절로 손이 움직이며
팔이, 다리가, 온 몸이 움직이는 것을 느끼게 됩니다.

몸이 이끌리는 대로
팔을 움직이고
다리를 움직이며
허리를 돌리고
몸을 좌우로 회전하십시오.

시간이 흐를수록
당신의 몸은 유연해지며
온 몸이 자연스럽게
주님께 영광과 경배를 드리는 것을
알게 될 것입니다.

시간이 많이 지난 후에
당신이 춤을 멈추었을 때
당신은 기쁨과 만족감이 온 몸에 마음에 가득한 것을 느끼게 될 것입니다.

이러한 춤은
당신의 몸이 주님께 복종이 되도록 도와줍니다.
당신의 몸에 생기를 줍니다.

그리고 우리의 몸이 주님께 드려지며
주님을 표현하는 도구가 되는 것이

얼마나 놀라운 행복인지 깨닫게 해 줍니다.
그리고 이러한 춤을 통해서
당신의 몸은
묶여져 있던 많은 것들에서
놓여나게 된 것을 알게 될 것입니다.

48. 발성기도를 드리십시오.

당신이 아직 묵상기도에 익숙하지 않다면
묵상을 하려고만 하면 수많은 잡념과 상념들이 당신을 괴롭힌다면
묵상기도는 당신에게 별로 적절한 것이 아닙니다.
당신은 분명하고 강하게 소리를 내어 기도를 드려야 합니다.
마음에 평강과 기쁨이 올 때까지
방언으로 기도하고 소리내어 기도하며
감사함으로 주님을 찬양하고 당신의 믿음을 고백하고 선포해야 합니다.

한참 발성의 기도를 드리면 당신의 영은 해방되며
이제 더 이상 소리를 내고 싶지 않은 상태가 됩니다.
주님의 달콤함이 당신의 가까이에 다가와서
만약 당신이 계속 소리를 지르면 그 달콤함이 사라질 것 같은 느낌이 듭니다.

그럴 때 억지로 계속 소리를 지르지 마십시오.
그때는 주님이 아주 가까이 계시는 것이므로
그저 조용히 "주님..." 하고 부르기만 해도
그분의 사랑과 임재를 경험할 수 있습니다.

더 이상 당신은 발성으로 기도할 수 없으며
그분과 사랑의 교제 속으로 들어가야 합니다.

그러나 그러한 기쁨과 해방이 오기 전
아직 당신의 영이 풀리지 않고 어떤 답답함이 있을 때는
주님 앞에서 소리를 내고 당신의 영을 표현하십시오.
발성기도는 당신의 영을 흘러나오게 하고
당신의 묶인 심령을 자유롭게 하는
아주 아름답고 훌륭한 기도입니다.

발성기도를 별로 드리지 않는 사람의 영혼은
대체로 많이 묶여있으며 기쁨과
후련함, 자유함에 대하여 잘 알지 못합니다.

부디 당신의 입술을 통하여 후련함과 기쁨을 얻으십시오.
소리를 내어 주님을 표현하는 것은
정말 놀라운 역사를 일으키는 것입니다.

49. 공 기도는 제발 좀 짧게 하십시오.

나는 많은 예배에서 많은 공 기도를 들어보았습니다.
그러나 공 기도를 통해서 감동을 받거나 기쁨과 은혜를 느낀 적은 거의 없었습니다.
대부분의 공 기도가 은혜도 되지 않고 형식적이고 천편일률적이면서도 쓸데없이 너무나 길었습니다.
그것은 마치 기도 고문처럼 느껴졌습니다.

바른 기도는 영으로 드려지는 기도입니다.
영이신 주님의 감동과 기름부음을 따라 드려지는 기도입니다.
그러한 기도에는 자유함이 있고 기쁨이 있으며
모든 이들은 그 기도에 같이 끌어 올려지고
같이 주님의 영광을 경험하게 됩니다.
그러나 그러한 주님의 기름부음이 없는 기도라면
가능하면 빨리 끝내는 것이 좋습니다.

길게 기도했다고 해서 어떤 영의 충전을 경험하는 것은 아닙니다.
시간을 오래 끈다고 해서 주님이 들으시는 것은 아닙니다.
전체가 드리는 통성 기도는 길어질 수도 있습니다.
그러나 한 사람이 청중을 대표해서 기도한다면
그 기도는 길어서는 안됩니다.

짧고 간략하게 그 때에 임하는 주님의 기름부음을 느끼십시오.
무엇을 기도해야 하는지 주님께 물으십시오.
그 때에 상황에 맞게 허락하시는 주님의 감동을 느끼십시오.
당신이 그러한 주님의 감동을 느낄 수 없다면
당신은 아무리 기도를 많이 준비하고
기도의 답안을 외워도
그 기도는 주님의 보좌에까지 올라가지 못할 것입니다.

길게 기도하지 말며
영으로 간단하게 기도하는 법을 배우십시오.
요점만 말하고 나머지는 주님께 맡기십시오.
당신의 기도가 영으로 드려지며
단순하고 짧고 자연스러울 때
당신은 기도를 통해서
사람들의 영을 일으킬 수 있을 것입니다.

50. 주님 앞에서 한숨을 쉬십시오.

어떤 사람들은 수시로 한숨을 쉽니다.
그들은 땅이 꺼져라 한숨을 뱉어냅니다.
그것은 그들의 속이 답답하기 때문입니다.
답답한 기운, 답답한 영을 많이 가지고 있기 때문입니다.
근심과 염려와 두려움, 분노를 많이 가지고 있기 때문입니다.

호흡은 영이며
그 나쁜 영, 나쁜 기운이 당신의 안에 있을 때
당신은 너무 고통스럽고
또한 당신의 옆에 있는 사람도 고통스럽습니다.

마음이 답답할 때
근심이 생길 때
그 답답한 것들을 한숨으로 뿜어내십시오.
부드럽고 길게
휴~ 하고 숨을 내쉬어서 그 기운을 내보내십시오.

사람 앞에서 하소연을 하고 한숨을 쉬면
그 악한 기운이 상대방에게 들어갑니다.
그러므로 상대방도 고통스럽고
당신을 좋아하지 않게 됩니다.

그러므로 주님 앞에서 한숨을 쉬십시오.
당신의 고통, 당신의 절망, 당신의 낙담, 당신의 슬픔을
주님 앞에서 토해내십시오.

충분히 그것이 토해지면
속이 약간 허탈하기는 하지만
당신은 후련해집니다.
그리고 그 빈 공간에
주님의 영이 임재하십시오.
이것은 결코 하나의 상징적인 묘사가 아니며
당신의 비워진 심령 속에 주님의 평강과 기쁨이 임하게 됩니다.

당신의 가슴을, 폐를 청결하게 하십시오.
나쁜 기운이 들어오지 않도록
오직 주님의 영, 기운만이 가득 채워지도록
조심하며 관리하십시오.
그것은 우리가 주님의 평강 속에서 살아갈 수 있는
아주 중요한 원리입니다.

51. 당신의 믿음을 고백하십시오.

우리는 마음으로 믿어 의에 이르지만
입으로 시인함으로써 구원에 이릅니다.
마음속의 믿음은 우리 안에 놀라운 역사를 일으키지만
입술의 고백은 또한 이 땅에서 놀라운 역사를 일으킵니다.

우리 안에서 일어나는 많은 갈등과 회의, 두려움들은
일단 우리의 입으로 주님을 시인할 때 힘을 잃기 시작합니다.

당신 안에 있는 것들을 주님께 고백하십시오.
주님이 당신 안에 하신 것들을 믿음으로 시인하십시오.
조심스럽게, 그러나 분명하게 그것들을 말해내십시오.
당신은 곧 그 말들의 힘을 느끼게 될 것입니다.

주님... 저는 주님의 살아계심을 믿습니다.
당신이 저를 사랑하심을 믿습니다.
지금 당신이 여기에 계시며
지금 이 순간에 저의 기도를 들으시며
저에게 역사하심을 믿습니다.
저를 치유해주시고
저에게 능력을 공급하시며
저에게 자유와 해방을 주시는 것을 믿습니다.
할렐루야... 주님은 살아계십니다...

그 말들은 능력이 있습니다.
그 말들은 역사를 일으킵니다.
당신의 몸에, 마음에 놀라운 변화를 일으킵니다.

당신의 믿음을 고백하고 시인하십시오.
당신은 변화될 것이며
주님 앞으로 가까이 이끌려지게 될 것입니다.

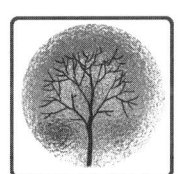

52. 주님의 영광을 외치십시오.

주의 이름과 영광을 외치는 것은 단순한 고백보다 조금 더 강력한 것입니다.
우리는 조용히 주님께 사랑을 고백하고 믿음을 시인하며 우리의 가진 문제들을 주님께 아뢰고 탄원할 수 있습니다.
그러나 우리는 때로는 강력한 주의 임재가 필요하며 그분의 강력한 기름부으심이 필요할 때가 있습니다.

우리는 때때로 어떤 강력한 눌림을 경험하게 되며 때로는 심한 무기력감을 느낄 때도 있습니다.
또한 주님의 영광스러운 임재와 승리를 빨리 경험하고 싶을 때가 있습니다.

이럴 때 우리는 강하고 큰소리로 주님께 외치게 됩니다.
그분의 영광을, 거룩함을, 승리를, 역사를,
우리는 외칠 필요가 있습니다.
그것은 아주 강력한 기도입니다.

우리가 큰 소리로 주님의 영광을 선포하고 외치며
우리가 입을 열어 주님의 놀라우신 은총을
선포하고 외칠 때
우리 주변의 공기는 영적이고 생명적인 파동으로 가득하게 됩니다.

그리고 그 놀라운 선포는 땅을 진동시키며
우리 주변의 영적인 분위기를 바꾸어 놓습니다.

힘차게 소리내어 선포하십시오.
있는 힘을 다해 주님의 영광을 선포하십시오.
집회에서 다같이 일어나 주님의 영광과 거룩하심을 외치십시오.

할렐루야! 주님은 왕이십니다!
왕이신 하나님! 주님의 이름을 찬양합니다!
주님은 승리하셨습니다!
주님의 구원을 찬양합니다!
주님은 살아계십니다!
주님은 지금 역사하십니다!
주님은 우리의 왕이십니다!
주님은 우리의 주인이십니다!
악한 마귀들은 깨어졌습니다!
할-렐-루-야!

우리가 있는 힘을 다해 외칠 때
주님은 그 공간에 그분의 충만한 영광으로 임재하십니다.
그분의 그 영광 앞에서
그 주변의 공기는 거룩해지고

모든 악한 기운, 영들은 도주할 것입니다.
이스라엘의 외침으로 여리고가 무너졌듯이
오늘날 우리가 외칠 때 악의 진들은 무너집니다.
그러므로 우리가 선포하고 외칠 때
그분은 영광가운데 임하시며
놀라운 역사를 일으키시는 것입니다.

오늘날 이 시대에
살아계신 주님의 영광이 온 세상에 가득하도록
주님의 영광을 크게 선포하고 외치십시다.
할렐루야!

53. 낮은 목소리를 사용하십시오.

소리와 영의 세계는 아주 밀접한 관계가 있습니다.
예를 들어 괴기 영화에서는 악한 영들의 역사가 많이 흘러 나옵니다.
그러나 볼륨을 거의 안 들릴 정도로 줄이고 영화를 보면 악령의 영향력이 현저하게 줄어듭니다.
그러므로 소리는 영의 흐름에 있어서 중요한 역할을 합니다.

또한 소리는 강약 뿐 만이 아니라 소리의 높낮이에 따라 우리의 영에 미치는 영향이 엄청나게 다릅니다.
영혼의 힘이 약하고 무기력한 분들은 보통 목소리가 높습니다.
그들은 불안하며 마음이 쫓깁니다.
이런 분들은 낮은 목소리로 기도하는 것을 배울 필요가 있습니다.
마음이 불안한 것은 영의 기초가 없이 영이 높이 떠 있기 때문입니다.

안정된 영을 위하여 낮은 목소리로 기도하십시오.
낮은 목소리로 찬양을 드리십시오.
낮은 목소리로 성경을 읽고
낮은 목소리로 방언을 하십시오.
당신은 곧 자신감을 얻게 됩니다.

당신은 곧 힘을 얻게 됩니다.
당신은 곧 심령이 강해져서
더 이상 남의 눈치를 보지 않게 되며
하기 싫은 것에 대하여 싫다고 이야기할 수 있을 것입니다.

아니, 당신이 낮은 목소리를 통하여 영의 기초와 권능을 충분히 쌓게 될 때
다른 사람들은 당신에게 함부로 무엇을 요구하는 것도 쉽지 않게 됩니다.
왜냐하면 그들의 영은 당신에게 눌리고 제압되기 때문입니다.

낮은 소리로 주님께 나아가십시오.
그리하여 강한 용사가 되십시오.
영적 권세는 낮은 소리와 연관이 있습니다.
이것을 훈련하여 강하고 담대한 사람이 되어
주님을 더 누리고 그분의 왕국을 확장시키십시오.
당신이 시도해볼 때
당신은 새로운 자유함을 알게 될 것입니다.

54. 높은 목소리를 사용하십시오.

낮은 음성은 영혼을 안정시키지만 동시에 둔감하게 합니다.
그러므로 낮은 음성으로만 기도하고 찬양을 드리면 영의 풍성한 표현과 감동이 제한을 받게 됩니다.

그들의 영은 강해지지만 동시에 감각이 둔해지게 됩니다.
그들은 쫓기지는 않겠지만 눈치가 없게 되며 억압을 받고 고통을 겪지는 않겠지만 분별에 어려움을 겪게 됩니다.
그러므로 영성에 있어서, 기도 생활에 있어서 균형이란 몹시 중요한 것입니다.

음성이 낮은 사람은 감정의 표현과 흘러나옴이 쉽지 않습니다.
그러므로 그들은 믿음직하게 보이지만 정이 느껴지지 않습니다.
그러므로 그들은 높은 음성의 훈련을 통하여 자신의 정서를 자유롭게 하고 자신의 영을 풀어주어야 합니다.

뭔가 막혀있는 감정이 있지만
그것이 잘 표현되지 않을 때
울고 싶은 마음이 있지만
울고 나면 속이 시원할 것 같은데
눈물이 나오지 않을 때

원하는 대로 감정을 표현할 수 없고
울고 싶으나 울 수 없을 때
높은 음성으로 기도를 드리십시오.
높은 음성으로 방언을 하고
높은 음성으로 찬양을 하십시오.

높은 음성으로 성경을 읽고
높은 음성으로 하소연하듯이
당신의 마음을 쏟으십시오.

당신은 얼마 가지 않아 당신의 속에 있는 감정이 움직이는 것을 느끼게 됩니다.
당신의 속에 숨겨져 있는 눈물과 슬픔이 밖으로 나오는 것을 느끼게 됩니다.
그리고 이를 통하여 당신은
당신의 정서가 정화되는 것을 느낄 수 있게 될 것입니다.

그리고 나서 당신은
당신은 곧 예전에 알 수 없었던 주님의 감미롭고 달콤한 임재와 사랑을 감지할 수 있게 됩니다.
그리고 당신의 감정이 자유로우며
마음껏 울고 싶을 때 울고
웃고 싶을 때 웃을 수 있으며

자연스럽게 감정을 표현하고 느낄 수 있는 것을 알게 될 것입니다.

당신이 주님을 향하여 당신의 목소리를 높일 때
당신의 감정은 회복됩니다.
그리고 당신의 영혼은 자유롭게 됩니다.
당신은 당신의 영혼이 주님을 향하여
높은 곳에서 아름답게 날고 있는 것을 느낄 수 있게 될 것입니다.
그리고 그러한 기쁨과 감동을
당신은 오랫동안 잊을 수 없을 것입니다.

55. 부르짖는 기도를 드리십시오.

성경에는 부르짖는 기도에 대한 수많은 명령이 있습니다.
그 대표적인 구절이 예레미야 33장 3절입니다.
너는 내게 부르짖으라 내가 네게 응답하겠고
크고 비밀한 일을 네게 보이리라고 하십니다.

부르짖는 기도는 매우 강력한 기도입니다.
이는 평상시의 기도가 아니며
비상시의 강력하고 열정적인 기도입니다.
이것은 조용하고 따뜻한 교제의 기도가 아니며
주님의 크고 놀라운 역사를 경험하기 위하여
주님의 강력한 만지심과 위대하신 능력을 경험하기 위하여
온 몸을 던져서 드리는 기도입니다.

부르짖을 때 우리의 영은 열리며
동시에 하늘 문이 열립니다.
하늘 문이 열리고
주님의 놀라운 권능이 임하시며
마귀의 진이 무너지고
폭포수와 같은 눈물과 전율과 희열이 임하게 됩니다.

목숨을 걸고 마음을 다하여
주님께 부르짖어 기도를 드린 사람은

주님은 살아계시며 능력이시며
악한 마귀는 아무 것도 아님을 체험하게 됩니다.

아직 영의 열림이 무엇인지 모른다면
아직 하늘의 열림이 무엇인지 모른다면
쏟아지는 주님의 폭포수와 같은 기쁨이 무엇인지 모른다면
당신은 부르짖는 기도를 배워야 합니다.
그리하여 놀라운 주님의 영광을 경험해야 합니다.
이것은 기초의 기도이지만
아무도 기초 없이는 깊은 곳으로 갈 수 없습니다.

이것은 언어의 기도가 아닙니다.
이것은 눌려있었던 영의 표현입니다.
그러므로 논리적으로 어떤 말을
만들어내려고 하지 마십시오.
이것은 일종의 외침이며 함성이며
비명이며 포효이며
속에서 흘러나오는 내면의 감정의 표현입니다.

단순히 주의 이름을 부르십시오.
길고 강하게 주의 이름을 부르십시오.
그저 주여... 마음을 담아서 그렇게 부르십시오.
그 한마디의 소리에 모든 것이 담겨져 있습니다.

주여...
나를 만져 주십시오..
주여, 나를 만나주십시오...
주여, 나를 불쌍히 여겨 주십시오...
주여, 내게 역사하여 주시옵소서....
주여 한마디는 모든 것을 포함하고 있는 것입니다.

당신이 부르짖는 기도에 익숙해지면
당신은 기도의 기쁨에 대해서 비로소 알게 될 것입니다.
기도 후의 후련함에 대해서
그분의 들으심에 대해서 알게 될 것입니다.
그리고 당신은
기도를 즐기게 될 것입니다.
그리고
어떤 문제가 있든지
당신은 염려하지 않게 될 것입니다.

왜냐하면
부르짖는 기도로 주님께 나아가서 하늘 문을 열면
그 모든 것들, 문제들, 두려움들은 사라져버리기 때문입니다.
아침 햇살에 안개가 사라지듯
주님의 영광스러운 임재 속에서 모든 어두움들은
다 소멸되어 버리기 때문입니다.

부르짖어 기도를 드리십시오.
주님의 강력한 임재와 영광을 경험하십시오.
하늘 문이 열리고
그 놀라우신 주님의 영광이 임할 때
당신은 결코 예전과 같지 않을 것입니다.
당신은 새로운 사람이 될 것입니다.
주님의 사람, 천국의 사람이 될 수 있을 것입니다.

56. 처음에는 낮은 소리로
　　부르짖어야 합니다.

어떤 이들은 부르짖을 때
처음부터 높은 목소리로 주여! 3창을 합니다.
물론 급할 때는 그렇게 할 수도 있을 것입니다.
그러나 그것은 대부분 자연스럽지 않습니다.
그것은 영을 손상시킵니다.

자동차를 운전할 때
처음부터 4단 기어에 놓고 전속력으로 달리면
당연히 엔진에 무리가 올 것입니다.
그러므로 처음에는 1단에 놓고 천천히 달리며
조금씩 속도를 높여갑니다.
기도도 이와 같습니다.
처음에는 낮은 목소리로 부르짖어야 합니다.
그리고 영이 익숙해지면 조금씩 목소리를 높여야 합니다.
그리고 계속 올라가다가 너무 높은 곳까지 가면
다시 자연스럽게 낮추어서 내려갑니다.

찬양의 방법도 그와 같습니다.
기름부음이 회중에게 별로 임하지 않았는데
처음부터 강력하고 열정적인 빠른 박자의 찬양을 하는 것은
별로 자연스러운 것이 아닙니다.

처음에는 부드럽고 낮은 음으로
그러다가 조금씩 사람들의 적응도에 따라서
좀 더 강하고 충만하고 빠르고 높은 곡으로 갑니다.

높은 음은 사람들의 영을 고양시키지만
영이 낮은 곳에 있으면 아무도 높은 음을 낼 수 없으므로
그 음을 따라서 부를 수 없어서
영이 눌리고 무기력해지게 됩니다.
그래서 처음에는 낮은 음으로 시작했다가
조금씩 자연스럽게 높은 곳으로 올라갑니다.
그리고 너무 높은 곳에 있어서 영이 피곤해지면
다시 부드럽게 낮은 음으로 내려옵니다.

이와 같이 강약을 조절하고
높낮이를 조절할 때
밤이 새도록 찬양을 하고 기도를 드려도
전혀 피곤하지 않고
부드럽고 자연스럽게 영을 충만케 할 수 있습니다.

편안하고 자연스럽게 부르짖는 기도를 시작하십시오.
그러다가 발동이 걸리면
아주 강력하게 부르짖고 주님께 나아가십시오.

무리하지 말며
억지로 기도를 드리지 말고
기도의 흐름에 영의 흐름에
부드럽게 자신을 맡기십시오.
그 리듬 속에 들어가십시오.

강력하게 부르짖고 외치고 눈물을 쏟고 마음을 쏟고
기도하는 것을 밖에서 보면
굉장히 힘들고 쥐어 짜내는 듯이 보이겠지만
막상 그 리듬을 경험해보면
그것이 너무나 편안하고 자연스러우며
속에서 저절로 흘러나오는 것을 알게 될 것입니다.
그것은 여태껏 누르고 있었던 그리고 눌려 있었던
억압된 영의 간절한 표현입니다.
부르짖으며 흘리는 눈물은 영의 눈물이며
사랑하는 주님과의
이산가족의 해후와 같은 감동의 눈물인 것입니다.

자연스럽고 부드럽게
부르짖는 기도에 익숙해지십시오.
결코 무리하게 기도하지 마십시오.
당신의 영이 조금씩 한 단계씩 높은 곳으로 오르게 될 때 당신은 그것이 너무나 쉽고 자연스러운 것임을 느끼게 될 것입니다.

부르짖어 포효하는 기도는
폭포수와 같은 주님의 임재가 있고
고요히 안식과 침묵 속에 들어가는 기도는
주님의 꿀물이 흐르는 것 같은
달콤하고 아름다운 임재가 있습니다.

다만 부르짖는 기도는 영을 열게 하는 기초이며
이 사악한 세상에서 역사하는 악한 기운을 소멸시키는
능력을 받기 위하여 필요합니다.

우리는 강력한 기도와 부드러운 내면의 기도
양쪽에 다 익숙해져서
영의 균형과 조화를 이루어가야 할 것입니다.
그리하여 지혜와 사랑의 사람이며
동시에 권능의 사람이 되어야 할 것입니다.

57. 방언을 통역하십시오.

방언은 뜻이 있는 기도와 찬양입니다.
아무 의미도 모르고 해도
당신의 영은 자유로와질 수 있지만
그러나 할 수 있는 한
그것을 통역하고 말로 표현하려고 하십시오.

방언 통역을 구하고 하려고 하십시오.
아무 생각 없이 기계적으로 방언을 하면
그 의미를 이해할 수 없습니다.
AFKN을 하루종일 들어도
모르는 것은 계속 모르는 것이며
그것을 통하여 영어를 들리는 귀가 열리는 것은 아닙니다.

방언으로 기도하고 방언으로 찬양하면서
조심스럽게 자기의 영이 표현하는 것에 주의하십시오.
자기의 영이 기뻐하는지 슬퍼하는지
눌려 있는지 자유로운지
자기의 영이 어떠한 것을 표현하려 하는지
조심스럽게 관찰해 보십시오.

방언으로 기도하고 방언으로 찬양하면서
마음의 느낌을 한마디씩 표현해보십시오.

방언을 한마디하고
다시 우리말을 한마디하고
그렇게 반복해 보십시오.

방언기도...
오, 주님...
당신의 거룩하심을 찬양합니다.
방언 찬양...
당신은 얼마나 아름답고 귀한 분이신지요...
방언 기도...
내 영이 주님을 진정으로 구하고 사모합니다...

방언하고, 말하고 표현할수록 당신의 영은 고양됩니다.
방언을 말하고 그것을 통역함으로 당신의 영을 풀어놓으십시오.
그것은 진정 아름답고 행복한 것입니다.

당신의 영이 풀려날수록
당신은 세상의 그 어떤 기쁨보다도
주님과의 아름답고 사랑스러운 만남이
더 귀하고 행복한 것을 알게 될 것입니다.

58. 방언으로 찬양을 드리십시오.

찬양은 우리의 영이 주님께로 날아오르게 하는
가장 아름다운 도구입니다.
우리의 영이 지쳐있을 때는 낮고 잔잔하게
우리의 영이 좀 더 고양되기 원할 때에는
좀 더 높은 음으로
우리의 영에 묶임이 많이 있을 때는
그것을 떨치기 위해서 빠르고 신나는 곡으로
우리의 영에 주님의 임재가 가깝고 달콤할 때에는
부드럽고 아주 천천하게
처음에는 강한 곡을, 그 다음에는 은혜의 곡을,
그리고 주님의 임재가 강할 때에는
깊은 경배의 곡을 드려야 합니다.

우리가 영의 찬양에 대해서 알게 될수록
주님의 인도와 내적 감동에 대하여 예민해질수록
우리는 천편일률적인 찬양을 드리기가 싫어집니다.
똑같은 박자, 똑같은 화음, 똑같은 리듬, 똑같은 가사...
그것은 우리의 영혼에게 부담을 주고
답답하게 묶어놓게 됩니다.

우리가 찬양을 드릴 때
우리의 영이 어느 정도의 수준이상으로 올라갔을 때

우리는 더 이상 기존의 곡을 하기가 어렵습니다.
우리 안에서 영이 고양될 때
우리의 영은 자유로운 곡조로 주님을 높이기를 원합니다.

입을 열어서
어떤 곡조에도 어떤 가사에도 마음을 집중하지 말고
오직 주님을 바라보면서
방언으로 음을 넣어서 찬양을 드리십시오.
입을 크게 벌리고
속에서 주님이 이끄시는 대로
마음이 끌리고 감동이 되는대로
높은 음, 낮은 음, 때로는 길게, 때로는 짧게
때로는 천천히... 찬양의 음을 주님께 올려 드리십시오.
예배에서 여럿이 화음으로 어우러져
방언으로 찬양을 드릴 때
그것은 진정 천상의 음악이며 멜로디입니다.

가사와 곡조에 매이지 말고
자주 영으로 찬양을 드리십시오.
당신의 영은 활짝 날아오르게 되며
당신은 좀 더 주님의 사랑과 임재에
가까이 가게 될 것입니다.

제 7장 사역

우리의 영혼은 사역을 통하여
공급되고 충만해집니다.
우리가 주님의 임재를 깊이 경험할수록
우리는 풍성한 사역을 하게 될 것입니다.

59. 주님을 나누어주십시오.

우리는 항상 어떤 도구가 되며
고통이든 기쁨이든 그 무엇이든
어떤 것들을 사람들에게 전달하고 있습니다.
우리는 그 무엇보다도
주님을 나누어주어야 합니다.
사랑도, 치유도, 우정도, 기쁨도...
다 좋은 것들이지만
모든 사람들은 본질적으로
주님께 굶주려 있습니다.

사람들의 공허와 슬픔은
본인들은 깨닫지 못할지라도
그들의 영혼 속에 주님이 계시지 않거나
충만하지 않기 때문에
그들의 영혼이 느끼는 고통과 절망인 것입니다.

그러므로 그들을 돕고 치유하기 위하여
당신의 미소와 당신의 친절, 당신의 부드러움이
당신 안에 있는 주님을
나누어주는 것이 되게 하십시오.

이렇게 기도해보십시오.
주님,
제가 말하고 웃고 바라보고 어루만지는
그 모든 것들이
주님을 공급하는 것이 되게 해 주십시오.

당신의 기도가 응답된다면
그들은 차츰
주님께 대한 갈증을 느껴가게 될 것입니다.

주님을 경험하며
주님을 나누어주십시오.
그것은 우리의 삶에서 가장 중요한 일이며
우리가 존재하며 살아가는 의미인 것입니다.
그 분을 나누어줄수록
당신은 그분의 영으로
더욱 더 가득하게 될 것입니다.

60. 주님을 증거하십시오.

언어는 우리 안에서 주님의 기름부음을 증가시키는 가장 강력한 도구입니다.
그 중에서 가장 강력한 언어는 주님을 증거하는 언어입니다.

그것은 주님의 역사를 일으킵니다.
그것은 영의 움직임을 일으킵니다.
그것은 영혼의 가장 강력한 활동입니다.
주님께 대한 증거는 상대의 영을 깨우고 일으키도록 자극하는 것뿐만 아니라 증거하는 이의 영혼을 거룩한 생명의 영광으로 가득하게 합니다.

어떤 이가 주님을 알면서도 오래 동안 그분을 증거하지 않는다면 그의 영혼은 몹시 지치고 피곤하고 힘들 것입니다.
그러나 그가 주님의 인도와 음성에 민감하여 수시로 주님의 감동에 대하여 반응한다면 그는 영혼 구원의 도구로 쓰여질 수 있을 뿐만 아니라 그의 영혼에 항상 주님의 임재와 충만함으로 살아갈 수 있게 됩니다.

주님을 표현하고 증거하십시오.
그리고 그러한 기회가 오기를 기대하고 주님을 기다리십시오.
아무렇게나 함부로 주님을 증거하지 말고

내적인 주님의 인도와 감동을 따라
조심스럽게 말하십시오.

당신이 주님의 인도를 받는다면
당신은 말을 시작해야 할 때와
말을 마쳐야 할 때를 알 수 있습니다.
조용히 상대의 이야기를 들어주어야 하는지
아니면 부드럽게 권면해야 하는지
아니면 다른 때를 기다려야 하는지
당신은 알 수 있습니다.

주님에 대하여 말하고 표현할 때
당신은 주님의 변호자로서 사역하고 있는 것이며
당신에 대한 주님의 기름부으심은 증가됩니다.
증거는 우리의 영혼을 강하게 하며
충만하게 하며 예민하게 하며
주님의 마음으로 나아가게 합니다.
상대의 영혼을 살리고 또 나의 영혼을 살리기 위해서
주님을 증거하는 것처럼 놀라운 방법은
아마 다시 없을 것입니다.

61. 기도 사역을 받으십시오.

　기도는 주님과의 직접적인 만남입니다.
　그러나 기도 사역이란 사역자가 주님의 통로가 되어
기도받는 사람을 도와주는 것입니다.
　사역자가 사람들에게 안수하며 기도해줄 때
　그가 경험하고 가지고 있던 영적인 힘이 어느 정도 전수되며 기도받는 이들을 주님께로 가까이 갈 수 있도록 도와주게 됩니다.
　사역자는 치유를 위하여, 축복을 위하여, 영적인 은사의 전이를 위하여, 영적 성장의 도움을 위하여 사람들에게 기도를 해줄 수 있습니다.

　어떤 이들은 이러한 기도를 받는 것을 너무 좋아합니다.
　그들은 기회만 있으면 틈만 나면 아무 곳이나 가서 머리를 들이댑니다.
　또한 어떤 이들은 자기 노력도 없이 그렇게 사람을 의지하는 것을 좋지 않게 여깁니다.
　그러나 무엇이든 적당한 것이 좋으며 지나치지만 않는다면 자신보다 조금 더 성장한 상태에 있는 사람에게서 기도 사역을 받는 것은 영성의 발전에 도움이 될 수 있습니다.

주님은 그분의 종을 사용하십니다.

그러므로 그분과 가까이 있는 분들에게 기도를 받고 사역을 받는 것은 즐거운 일입니다.

그러나 사역을 통해서 좋은 기운만이 전수되는 것이 아니기 때문에 우리는 그 사람의 은사나 능력뿐만이 아니라 삶과 인격을 분별해야 합니다.

그의 삶이 아름답지 않은 사람이라면 비록 그를 통하여 병이 나았다 하더라도 결과적으로는 더 해를 입을 수도 있습니다.

육체의 치유보다 더 중요한 것은 영혼의 변화이며 성장이기 때문입니다.

너무 빠지지는 말되
자연스럽게 기회가 주어진다면
영성인의 축복 기도를 받는 복을 누리십시오.
혼자서 오래 고생하여 나아가야 할 것을
잠시의 터치를 통하여 당신의 영은 쉽고 빨리 주님께로 올라갈 수도 있습니다.
그러므로 그러한 기회를 사모하며 기도 사역을 통하여
주님께서 복을 주시기를 기대하십시오.

이 시대는 구약이 아니므로 누구나 주님께 직접 나아가지만
우리는 우리보다 앞선 사람에게 도움을 받을 수 있으며
또한 우리보다 낮은 영계에 있는 사람들에게

기도하고 축복해줄 수 있습니다.
다만 영성인에게 기도 사역을 받을 때
그것이 상대방에게 고통의 대가를 치르게 한다는 사실을 기억하십시오.
사람들은 아무 생각없이 기도를 받지만
대체로 사역자는 그 후로 오랜 시간동안 고통을 겪게 됩니다.

그러므로 조심하면서
그러한 기회가 주어지기를 기대하십시오.
기도를 받을 때 믿음으로
주님께서 이 사람을 통하여 나에게 임하시고
그 풍성함과 빛을 주실 것을 기대하십시오.
기도 사역을 받는 것은
당신이 주님께 가까이 나아갈 수 있는
또 하나의 좋은 방법입니다.

62. 기도 사역을 서로 나누십시오.

모임에서 집회에서
서로 함께 축복하며 기도하는 것을 즐기십시오.
여럿이 같이 합심기도를 하는 것도 좋은 일이지만
서로 2-3명이 돌아가면서 서로 축복을 하며 주님의 사랑과 임재가 상대방에게 임하기를 기도해주는 것도 아주 아름다운 일입니다.

상대방이 깊은 영성인이 아니더라도
사람들에게 기도를 받고 축복을 받는 것을 즐기십시오.
주님은 그러한 겸손한 자세를 기뻐하시며
그 기도를 통해 역사하시기 때문입니다.
사역자도 얼마든지 성도에게 기도를 받고
그 영이 회복되며 힘을 얻을 수 있습니다.

기도를 서로 해줄 때는 같이 떠들지 마십시오.
반드시 한 사람이 기도할 때
한 사람은 수동적인 자세로 그 기도를 조용히 들어야 합니다.
그리고 기도를 받으며 지금 이 시간에
그 주님의 만지심이 임하기를 기대해야 합니다.
한 사람의 기도가 끝나면 다시 상대를 바꾸어
다른 사람이 축복하고 기도하며
상대가 조용히 기도를 받고 아멘을 해야합니다.

기도 사역은 참으로 아름다운 것입니다.
한 사람이 주님의 이름으로 조용히 상대를 포옹하거나
손을 얹고 기도해줄 때에
주님은 그들에게 임재하시며
풍성한 복을 베풀어주십니다.
기도하는 이는 주님의 통로로서 자신을 통하여
빛이 임하는 것을 감지하게 되며
기도를 받는 이는 상대를 통하여 주님의 사랑이
임하는 것을 느끼게 됩니다.

잠시의 기도가 끝난 후 그들의 교제와 관계는 달라집니다.
그들은 단순히 인간적으로 친한 것이 아니라
주님의 사랑과 임재를 함께 누리고 나누는
영적인 동역자가 된 것이기 때문입니다.

나는 여러 영성 집회를 인도하면서
성도들에게 꼭 서로 포옹하고 축복하는 기도를 시켰습니다.
그리고 그 시간에 주님의 사랑과 임재가 풍성하게 임하는 것을 많이 보았습니다.
그 시간은 정말 아름다운 시간들이었고 그들 모두는 주님의 풍성과 행복이 어떤 것인지를 경험하곤 했습니다.

기도의 사역을 서로 나누십시오.
기도를 해주는 것을 즐기며
기도를 받는 것을 즐기십시오.
그렇게 서로 주님을 나누게 될 때
우리는 이 땅의 임하는 천국에 대해서
좀 더 많이 알게 될 것입니다.

63. 마음이 상한 사람을 격려해주십시오.

주님은 위로자이십니다.
그분은 마음이 상한 자에게 가까이 가기를 원하십니다.
그분은 여유있고 배부른 자보다
마음이 괴롭고 힘든 사람들에게 가까이 가기를 원하십니다.

교회든 선교 단체이든
마음이 상한 자들이 많은 곳에는 주님의 임재가 풍성하며
배부르고 여유 있는 이들이 많은 곳에는
주님의 임재가 별로 충만하지 않습니다.

당신이 진정 주님과 가까이 하기를 원한다면
당신은 마음이 상한 자가 되어야 합니다.
그리고 그 마음이 상한 것을 세상으로
사람으로 위로 받지 말고
오직 주님으로 위로 받아야 합니다.

또한 당신은 그러한 마음이 상한 자들의
위로자가 되어야 합니다.
다윗이 왕이 되기 위하여 받은 훈련은
그에게 가까이 온 마음이 상하고 원통한 자들을
받아들이고 사랑하는 훈련이었습니다.

그리고 그것이 메시야의 왕권을 대표하는
가장 놀라운 왕의 특성이었던 것입니다.

마음이 즐거운 자를 떠나서
마음이 상한 자에게 가까이 가십시오.
그리고 그들의 이야기를 조용히 들으며
주님이 그들을 사랑하시는 것을
주님이 그들의 편인 것을 이야기하십시오.
그들의 이야기에 공감하며
함께 마음을 나누십시오.
그들의 슬픔이 기쁨으로, 즐거움으로 회복되는 것을 보면서
그것이 곧 주님의 회복인 것을 아십시오.
상한 자를 격려하는 것은 가장 아름답고 놀라운 사역입니다.
그리고 이 사역을 통하여
우리는 주님께 아주 가까이 나아갈 수 있는 것입니다.

64. 기도 사역을 하십시오.

당신이 어느 정도 기도의 요령을 익혔으며
주님의 임재의 경험이 있고
주님의 사랑을 경험했다면
당신은 아마 몸에 여러 가지의 느낌을 가지고 있을 것입니다.

몸에 전기가 흐르는 느낌
뜨겁거나 시원한 느낌
손이 무거운 느낌
온 몸에 두꺼운 옷으로 둘러 쌓인 것 같은 느낌
머리가 묵직하거나 새로운 눈이 열린 느낌
가슴이 따뜻하고 달콤한 느낌....

물론 그 느낌 자체가 중요한 것은 아닙니다.
다만 그러한 것들은 영이 움직이고 흘러나오는 과정에서
흔하게 일어나는 현상입니다.

이제 어느 정도 당신이 주님의 임재를 알고 있다면
기도 사역을 하십시오.

그저 단순하게 상대를 안아주고
또는 조용히 손을 얹고
주님께서 상대에게 임재하시기를 기도해주십시오.

우리에게 가장 영광이 되는 것은
그 사랑의 주님의 통로가 되는 것입니다.

아픈 사람 마음이 상한 사람
위로가 필요한 사람 사랑하는 가까운 사람
주님의 임재를 깊이 경험하기 원하는 사람
은혜를 사모하는 모든 사람들을
조용히 만지고
주님의 영이 그들에게 임하기를
기도해주십시오.

우리가 사람들에게 주어야 하는 것은
결코 어떤 치유나 능력이나
어떤 외적인 복이나 즐거운 느낌이 아닙니다.
우리는 다만 주님을 나누어주어야 합니다.

우리는 다만 그 사랑의 주님의 임재를 공급하여야 합니다.
그리하여 상대의 가슴속에
주님에 대한 열망과 사랑의 불을
활활 타오르게 하여야 합니다.
왜냐하면 주님의 임재는 바로 모든 것이며
그 사랑의 임재에 잡힌 이들은
더 이상 다른 아무 것도 구하지 않기 때문입니다.

기도 사역을 하십시오.
주님의 영과 그분의 사랑의 임재를
확산시키는 도구가 되십시오.
교회가 주님의 임재로 가득 차게 될 때
이 세상의 모든 문제들은 다 사라지게 될 것입니다.

그리스도인들이 주님의 영광과 임재로 가득하게 될 때
그들은 세상을 위하여 중보하고
세상에도 주님의 영광의 복음이 임하게 될 것입니다.

주님의 사랑의 임재의 통로가 되도록
자신을 주님께 드리고
주님이 우리를 사용하시기를 간절히 소원하십시오.
주님의 통로가 될수록
우리는 주님께 사로잡히며
그 임재를 전달할수록
우리는 더 깊은 은혜 속에 들어가게 될 것입니다.

주님의 임재를 전달하기 위한 기도의 사역
그것은 이 땅에 천국을 확장시키는
아름답고 놀라운 방법입니다.

제 8장   관계

우리는 사람들과의 관계를 통하여
주님의 풍성함을 더 깊이 누리고
같이 나눌 수 있습니다.
인간 관계는 주님의 은총을 경험하는
아름다운 도구입니다.

65. 육적인 교제를 멀리 하십시오.

우리가 주님을 사랑하지 않는 사람에게서 온전히 떠나려면
아마 지구를 떠나야 할 것입니다.
그것은 불가능한 일이며
별로 바람직한 일도 아닙니다.
우리는 주님께 가까이 나아가야 하지만
또한 동시에 영혼들을 사랑하며 섬겨야 하기 때문입니다.

그러나 할 수 있다면 주님의 인도 속에서
우리는 교제하는 것을 조심해야 합니다.
적지 않은 이들이 믿는 이들의 교제권 속에 있지만
그들의 심령은 주님께 대하여 관심이 없습니다.
어떤 이들은 영적인 지도자의 입장에 있지만
사람들을 자기에게 이끌려고 할 뿐
주님께 대한 사모함과 열망이 별로 없습니다.

어떤 이들은 주를 추구하는 이들을 비웃고 조롱하며
그분의 놀라우신 가치에 대하여 알지 못하고 관심도 없습니다.
우리의 영혼을 보호하기 위하여
우리는 이러한 교제에 대하여 떨어져 있어야 합니다.
아직 주님의 때가 이르지 않았을 때에
지나치게 접근하고 권면하여

당신의 영혼을 상하게 해서는 안됩니다.
그들이 주를 조롱할 때
당신 안에 계신 그분은 탄식하며
당신은 그분을 보호하고 당신의 영혼을 보호할 필요가 있습니다.
영의 세계를 이해하지 못하는 많은 마음이 선량한 사람이
그렇게 상하고 찔려서 영혼이 질식되는 경우가 아주 많기 때문입니다.
그러므로 상대의 영혼이 많은 시련과 절망을 거쳐서
주님께 대한 그리움이 싹트게 될 때까지
당신은 가능하면 그에게서 떨어져 있어야 합니다.

주를 사모하는 많은 이들이
가까운 혈연 관계와 우정을 통하여
그 마음이 상하고 영혼이 어두워집니다.
그들은 분별하지 못하고 조심하지 않으므로
영혼이 약하고 눌리고 어두워집니다.
그러므로 주님이 허락하실 때까지
우리는 기도를 쌓아야 하며
그들을 주님의 손에 맡겨야 하며
우리는 한 걸음 떨어져
우리의 영혼을 유지해야 합니다.

주님이 허락하실 때 외에는
주님의 가치를 모르는 이들에게서 떨어지십시오.

영적인 교제 주님을 같이 나누는 교제가
당신의 영혼에 힘을 주듯이
육적인 교제 단순한 육적인 친밀감으로 인한 교제는
당신의 영혼에 고통을 줄 수 있습니다.
그러한 교제를 조심하십시오.
당신이 쌓아놓은 주님의 임재가 쉽게 소멸되지 않도록
당신의 교제가 주님의 통제 아래 있게 하십시오.
그것은 당신의 영혼을 아름답게 지키며
안전하고 풍성한 삶으로 이끌어갈 것입니다.

66. 어린아이들을 바라보십시오.

가끔씩 어린이 놀이터로 가십시오.
그리고 어린이들이 뛰어 노는 모습을 바라보십시오.
어린아이들과 대화를 나누십시오.
그들의 눈을 바라보면서
그들의 이야기에 귀를 기울이십시오.

어린아이들은 영계를 떠나 이곳에 온지 얼마 되지 않았습니다.
그래서 그들은 아직 주님의 임재와 가깝습니다.
그러므로 그들을 가까이 할 때
우리는 주님과 가까워지며
우리의 영혼은 좀 더 순수해지게 됩니다.

어린아이의 맑고 아름다운 눈동자를 보면서
주님이 얼마나 맑고 아름다운 분인지
사랑스러운 분인지를 느끼십시오.
어린아이들은 자라나면서
그 순수함과 아름다움을 잃어가겠지만
당신이 주님을 향해서 계속 가까이 간다면
당신은 그 순수함과 아름다움을
영원히 간직할 수 있을 것입니다.

67. 사람들에게 친절하게 대하십시오.

어떤 이들은 많이 기도하며
주님께 가까이 나아가기를 원하면서도
사람들에게 친절하게 대하지 않습니다.
그들은 이웃에게나 가족에게 거칠게 함부로 대합니다.
그러면서도 그들은 그것이 자신과 주님의 관계를 상하게 한다고는 생각지 않습니다.

그러나 그것은 오해입니다.
우리는 사람들과 잘 지내며
그들을 따뜻하게 대하지 않으면서도
주님과 잘 지낼 수는 없습니다.

주님은 우리 안에 계시며
우리 안에 계신 그분은 아주 예민하신 분이십니다.
그분은 우리가 함부로 말하고 함부로 행동할 때 상처를 받으시며
우리가 사람들에게 거칠은 태도로 대할 때
우리 안에서 소멸되십니다.

주위에 있는 사람들에게
특히 연약하고 어려움 가운데 있는 이들에게

부드럽고 친절하게 대하여 주십시오.
도움이 필요한 이들에게 친절하게 도움을 베풀면서
당신의 내면에서 주님이 어떻게 움직이시는지
조용히 관찰해보십시오.

당신은 곧 당신은 당신의 내부에서
주님의 기름부음이 증가되며
주님의 평강이 당신을 사로잡는 것을
경험하게 될 것입니다.

사람들을 사랑하며
힘든 사람들을 돕는 것
그것은 바로 주님을 돕는 일이며
주님께 가까이 나아가는 일입니다.

우리는 주님을 사랑하고 기도하므로 주님께 가까이 나아가고
또한 사람들을 사랑하고 섬김으로서 주님의 임재로 나아갑니다.
주님 사랑과 사람 사랑
그것은 주님께 가까이 나아가기 위한
아름다운 영성의 길인 것입니다.

68. 사람을 통하여
주님의 음성을 들으십시오.

사람의 말을 통하여 주님의 음성을 들으십시오.
우리는 예상하지 못했던 많은 말들을
다른 사람에게서 듣습니다.
그리고 그러한 말들 중 어떤 것들은
듣기에 몹시 고통스러운 말들입니다.

그러나 우리에게 주어진 상황에 우연이란 없으며
그 모든 것들은 주님의 허락 속에서 주어진 것들입니다.
하늘이 땅에서 높은 것처럼
주님의 생각은 우리와 다르며
우리의 뜻을 벗어나서 생기는 일에는
주님의 뜻과 가르치심이 있습니다.

조용히 사람들의 말에 귀를 기울이십시오.
겸손하게 잔잔한 마음으로
그들의 이야기를 들으십시오.
주님께서 당신에게 말씀하시는 것처럼
그들의 이야기를 주목하여 들으십시오.

당신이 그것을 들을 수 있다면
당신이 아픈 말을 견딜 수 있다면
당신은 많은 고통의 순간들을
통과하지 않아도 될 것입니다.

주의 깊게 귀를 기울인다면
당신은 주님께서 사람을 통하여 말씀하신다는 것을
깨닫게 될 것입니다.
주님은 어린 형제와 불신자를 통해서도
말씀하실 수 있으며
우리가 그것들을 그냥 지나치지 않을 때
그것은 우리가 주님을 경험하는데 있어서
많은 도움이 될 것입니다.

69. 모든 사람 속에 계신 주님을 발견하십시오.

영이 발전할수록 우리는 자연을 볼 때
그 배후에 계신 주님의 영광을 느끼게 됩니다.
또한 사람을 볼 때에도
그를 지으시고 그의 안에서 역사하시는 주님을
느끼게 됩니다.
아직 거듭나지 않은 불신자라고 하더라도
그도 하나님의 영으로 창조되었기 때문에
주님께 반응할 수 있는 요소를 가지고 있는 것입니다.

영이 어릴 때 우리는 주님을 섬기는 것과 사람을 섬기는 것을 구분하게 되지만 영이 조금씩 자랄수록 우리는 점점 사람을 섬기며 이를 통하여 주님을 섬기게 됩니다.

주님은 가난하고 병들고 상한 자들을 접대하는 것은
바로 주께 하는 것이라고 하셨습니다.
또한 종들이 상전을 섬길 때
주님께 하듯이 하라고 하셨습니다.

그와 같이 주님은 우리가 사람들을
주님을 대하듯이 하기를 원하십니다.

어떤 권사님의 집에 강도가 들어갔습니다.
그들은 전기 검침원을 가장하고 들어갔습니다.
그러나 그들은 강도질을 할 수가 없었습니다.
그 권사님은 자기 집에 오는 모든 사람을
주님으로 알고 대접했기 때문입니다.
그들은 너무나 친절하고 따뜻하게 대접해주시는 권사님 앞에서 쩔쩔매다가 그냥 그 집을 나오고 말았습니다.
그 후 다른 집에서 범행을 저지르다 잡힌 범인들은 여죄를 추궁당하는 과정에서 그 권사님의 집에 들어간 이야기를 자백하였습니다.
악한 기운은 권사님의 영에서 나오는 선하고 아름다운 사랑의 기운을 이길 수 없었던 것입니다.

우리는 사람을 외모로 보지 말고 영혼 자체로 보며 그를 지으시고 그의 내부에 계신 주님을 인식하는 훈련을 해야 합니다.
진정 우리가 사람들을 주님으로 인식하고 섬기고 접대할 수 있을 때 우리의 삶은 놀라운 천국의 기쁨과 감격으로 가득 차게 될 것입니다.

70. 사람들을 축복해 주십시오.

이 세상에서 가장 어리석은 사람은
남을 저주하는 사람입니다.
왜냐하면 남을 저주할 때
자기로부터 저주가 나가며
자신은 저주의 근원이며 통로가 되기 때문입니다.
그러므로 남을 저주하는 사람은
그 순간부터 자기 안에 저주가 시작되며
자기가 미워하는 사람은 아주 평화로우며
자신이 그 사람의 저주를 대신 담당하게 됩니다.
나는 남을 저주하는 사람이 행복하고 평안한 것을
결코 본적이 없습니다.
그들은 자기 뿐 만이 아니라
그들의 주변에 있는 사람들까지 같이 불행하게 만듭니다.
그것은 스스로 저주를 끌어들였기 때문입니다.

이와 같은 원리로
남을 축복하는 것은 행복의 시작입니다.
왜냐하면 남을 축복할 때
그 복이 자기 안에서 시작되며
자기에서부터 흘러가기 시작하기 때문입니다.

그러므로 남을 칭찬하고 축복하는 사람은
항상 행복하고 잘 되며
주위에 있는 사람들까지
같이 그 기쁨 속에 잠기게 합니다.

주님은 그의 제자들을 파송하시면서
어느 집에 가던지 그 집의 평안을 빌라고 하셨습니다.
만약 그 집이 평안을 받기에 합당치 않으면
너희들에게 그 평안이 돌아올 것이라고 말씀하셨습니다.
(마 10:12,13)
그러므로 우리는 복을 받을 자격이 없어 보이는 사람이라 하더라도 축복해주어야 합니다.

우리가 사람들을 사랑하고 축복해 줄 때
우리는 주님의 통로가 되며 주님과 가까워지게 됩니다.
왜냐하면 그분은 사랑이시며
진정 그분의 백성들을 축복하시기 원하시기 때문입니다.

71. 주님의 임재를 함께 나누십시오.

세상에서 가장 아름다운 관계는
주님의 임재를 같이 나눌 수 있는 관계입니다.
사랑하는 사람끼리 같이 앉아서
침묵 속에서 주님의 임재를 같이 나눌 수 있다면
그것은 곧 천국입니다.

서로 조용히 있으며
아무 말이 없이 서로의 영을 마음을 나눌 수 있다면
그것은 진정 행복한 만남입니다.

어떤 이들은 같이 대화를 할 때는 즐거움을 느끼지만
침묵이 있을 때 그들은 서로 견디지 못해 합니다.
그것은 그들이 겉사람으로만 서로 교통하기 때문이며
그들의 영은 서로 교통하지 않기 때문입니다.
그러나 침묵을 같이 즐길 수 없다면
그것은 별로 깊은 만남이 아닙니다.
그러므로 진정한 사랑과 연합을 위하여
우리는 깊은 영, 깊은 침묵 속에서
주님의 영을 서로 나누는 기쁨을 발견해가야 합니다.

주님의 임재를 누리십시오.
그리고 그 아름다운 임재의 영광을
사랑하는 사람들과 같이 나누십시오.

주님의 임재는 함께 나눌 때에
더욱 커지고 강렬해지며
그러한 영의 나눔과 교제 속에서
서로는 성장하게 되는 것입니다.

주님의 임재 속에서 사랑을 고백하십시오.
주님의 임재 속에서 서로 포옹하십시오.
주님 안에서의 연합은 너무나도 아름답고 순결한 것이며
서로의 영혼이 성장할 수 있도록
주님께 더욱 가까이 갈 수 있도록 도와줍니다.

주님은 사랑이시며
주님이 계시는 곳에 사랑의 임재가 있고
사랑의 고백과 표현이 있는 곳에 주님이 임재하십니다.

주님의 영광, 그분의 임재,
그리고 사랑하는 사람들과의 침묵과
사랑의 고백과 포옹...
그것은 이 땅의 일이 아닙니다.

그것은 천국입니다.
고요하고 잔잔한 주님의 임재 속에 이루어지는 평화,
사랑, 교제, 아름다움...
그 영광스러운 기쁨은
맛본 자만이 알 수 있을 것입니다.

예배는 그와 같은 사랑의 임재와 영광과 사랑을
나누기 위한 것입니다.
그러한 예배, 그러한 만남, 그러한 사랑을 위하여
우리는 주님의 은혜를 더욱 깊이 사모해야 할 것입니다.

제 9장 마음

우리는 마음의 깊은 부분을
주님과 같이 나눔으로써
주님과의 깊은 일체감을 경험할 수 있습니다.
우리가 주님께 깊이 나아갈 때
주님은 우리의 마음을 받아주시며
또한 자신의 마음을
우리에게 보여주시기를 원하십니다.

72. 부정적인 감정을 내려놓으십시오.

감정은 영혼의 활동이며 그것은 우리의 영혼에 아주 막대한 영향력을 행사합니다.
우리의 감정이 격하게 움직일 때 우리의 영혼은 손상을 받으며 특히 부정적인 감정은 우리의 영혼이 주께 나아가는 것을 크게 방해합니다.

어떤 이들은 오래 기도하고
주님의 은혜를 받기를 사모하지만
그러나 자신의 감정을 다스리지 않습니다.
그들은 쉽게 분노하고 쉽게 두려워하며
쉽게 흥분하고 쉽게 비난합니다.
그러면서도 그들은 주님이 그들에게 가까이 오지 않으신다고 불평합니다.

기억하십시오.
그분은 거룩하신 분이시며
그분은 영계의 법칙을 초월하여서 당신에게 오시지는 않습니다.
당신의 마음이 그러한 어둡고 부정적인 감정으로 가득 채워져 있다면 당신은 아주 오래 기도하고 아주 열심히 기도해도 주님의 영의 풍성하심을 경험할 수가 없습니다.

당신이 주님의 거룩하심과 섬세하심,
그분의 사랑을 가까이 경험하기 원한다면
당신은 그와 반대되는 마음들을 다스려야 합니다.
 그러한 빛과 사랑의 흐름에 방해되는 감정들을 내려놓아야
합니다.
당신의 마음속에 그러한 어두움이 들어올 때
당신은 주님을 바라보면서
오.. 주님.. 이러한 어두움으로부터 내 영혼을 지켜주십시오..
하고 기도해야 합니다.

당신의 마음을 지키십시오.
당신의 감정을 지키십시오.
어두운 감정이 당신 안에 계신 주님과 당신의 영혼을
질식시키지 않도록 하십시오.

분노가 일어날 때 무릎을 꿇으십시오.
두려움이 일어날 때 주를 바라보십시오.
마음이 흥분될 때 조용히 호흡하고 천천히 말하고
또는 침묵을 지키며
자신의 심령을 잔잔하게 하십시오.
당신의 마음에 파도가 일어날 때
당신이 감정에 휩쓸려 버릴 때
당신은 주님을 유지할 수 없습니다.

당신은 어렵게 얻은 주님의 임재를
그 순간 상실하게 될 것입니다.
부정적인 감정은 마치 에스컬레이터와 같아서
일단 당신이 거기 올라탄다면
당신은 중간에 거기서 내릴 수 없습니다.

당신의 감정을 다스리십시오.
당신의 마음을 부드럽게 하십시오.
당신이 이 훈련에 익숙해지며
당신의 감정이 빛에 익숙해지게 될 때
당신은 주님의 임재에 좀 더 가까워지게 될 것입니다.
왜냐하면 주님은 빛이시며
그분의 마음은 오직 사랑으로 가득 차 있기 때문입니다.
빛은 빛으로 교통하며
그러므로 당신도 빛에 가까울 때
그분의 영을 가까이 경험할 수 있는 것입니다.

73. 당신의 감정을 주님께 토하십시오.

우리가 영이 열릴 수 있는 참 좋은 방법은
기도하면서 우리의 가슴을 토해내는 것입니다.
우리의 마음을, 우리의 감정을 주님께 쏟아 붓는 것입니다.

오늘날 사람들은 사실에 대한, 사건에 대한 대화를 많이 합니다.
또한 자신의 의견에 대한 대화를 많이 합니다.
그러나 자신의 깊은 감정을 표현하는 사람은 그리 많지 않습니다.
그들은 자신의 깊은 마음을 표현했다가 상대에게 상처를 받을까봐 두려워합니다.
상대에게 거절을 당할까봐 두려워합니다.
그래서 자신의 감정을 마음 속 깊숙이 남겨둡니다.
그러나 감정의 깊은 부분을 공유하지 않은 관계는 결코 어느 이상 더 깊어질 수 없습니다.

우리의 기도가, 주님과의 관계가 더 깊어지기를 원한다면
우리는 마음을, 감정을 쏟아 붓는 기도를 배워야 합니다.
이것은 테크닉이 아니며
문자 그대로 자신의 기쁨, 슬픔, 고통, 절망, 안타까움을
주님께 그대로 쏟아 붓는 것입니다.

주님을 깊이 경험했던 아름다운 주님의 사람들은
모두 다 이 깊은 감정의 나눔을 경험했습니다.

한나는 그의 슬픔을 주님께 탈진할 정도로 쏟아 부었고
다윗도 그의 인생의 벼랑에서 수없이 주님을 향하여
자신의 비통함과 절망을 쏟아 부었습니다.
그리고 그 결과 그들은 주님의 들으심을 얻었습니다.
바른 기도에는 희노애락이 있어야 합니다.
기쁘든 슬프든 괴롭든
어떤 감정의 표현이 흘러나와야 합니다.
교과서를 읽는 식의 기도는 아무의 마음도 움직일 수 없습니다.

당신의 마음을 주님께 토하십시오.
당신의 절망을, 당신의 슬픔을,
당신의 고독을, 당신의 두려움을
주님께 쏟아 부으십시오.
당신이 바르게 주님께 쏟아 부었다면
당신은 말로 형용할 수 없는 후련함을
평강을 경험하게 될 것입니다.
그리고 정말 오랜만에
편안한 잠자리에 들어가게 될 것입니다.
그리고 다음 날 눈을 뜨면

당신은 주님께서 어떻게 응답하시고 역사하시며
살아 계신 분이신 지를 알게 될 것입니다.

의식적인 기도를 그치고
미사여구의 기도를 그치고
논리적인 기도를 그치고
이제 당신의 마음 중심을 주님께 쏟으십시오.
당신은 주님의 실제를 알게 될 것이며
전혀 새로운 기도의 세계,
영의 세계로 이끌려 들어가게 될 것입니다.
그리고 그것은 당신에게 있어서
새롭고 아름다운 삶의 시작이 될 것입니다.

74. 주님 앞에서 우십시오.

때때로 우리는 형용 못할 슬픔이 눈물이
우리 안에서 흘러나오는 것을 느끼게 됩니다.
그 근원이 어디에 있는지는 모르지만
우리는 가끔 이유 없이 울고 싶어집니다.
때로는 아주 작은 일인데도 마음이 상하고
너무 슬프고 절망스러우며
이 세상에 혼자 있는 것처럼 느껴집니다.

그것은 아마 우리 안의 내면의 깊은 상처 때문인지도
아니면 우리가 알지 못하는 어떤 영혼의 갈망 때문인지도 모릅니다.
그러나 중요한 것은 어쨌든 우리는 슬프다는 것입니다.
우리는 굳이 그 이유를 분석할 필요는 없습니다.
그저 자연스럽게 우리의 슬픔을 표현하고 흘러가도록 내버려 두는 것이 필요합니다.
중요한 것은 우리가 혼자서 우는 것이 아니라
기도하면서 주님을 바라보면서
그저 조용히 눈물을 흘릴 필요가 있다는 것입니다.

우리는 왜 우는 지 모릅니다.
그러나 울고 싶습니다.

어쩌면 우리 안에는 거대한 눈물이 저장되어 있는지도 모릅니다.
어떤 이를 보면
가만히 뇌관을 톡 건드리기만 하면
눈물이 폭발할 것 같은 분들이 많이 있습니다.
굳이 억제하고 누르지 말고
우리는 울어야 합니다.
그저 단순히 눈물을 흘리면 됩니다.
주님 앞에서
조용히 주의 이름을 부르며
아가가 아빠 앞에서 그 품에 안겨서 울 듯이
그렇게 우리는 주님 앞에서 웁니다.

그렇게 시간이 흐르고
우리는 자리에서 일어납니다.
우리는 주님과 아무 이야기도 하지 않았지만
이제 우리의 영혼은 새로워집니다.
환경이 하나도 달라지지 않았는데도
이상하게도 마음이 가볍고
이상하게도 기쁨과 즐거움이 깊은 속에서
새록새록 올라오기 시작합니다.
조금 전에는 너무나 절망스러운 마음이었는데
이상하게도 이제는 왠지 마음이 평화롭습니다.

주님 앞에서 눈물을 흘리십시오.
그것은 언어의 기도는 아니지만
우리의 영혼을 주님께로 깊이 이끌어 갑니다.
우리의 눈물은 주님의 눈물과 같이 섞이고
우리는 주님과 깊은 일체감을 가지게 됩니다.
주님 앞에서 우십시오.
그것은 우리의 영혼을 정화시키고 치유하는
아름답고 행복한 기도입니다.

75. 주님께 위로를 받으십시오.

우리의 연약함 때문에
우리는 삶 속에서 자주 지치고 넘어집니다.
우리는 너무 자주
삶은 피곤한 것이며 나는 혼자일 뿐이라고 느낍니다.
그리고 우리는 위로받고 싶어지며
나이와 상관없이
때로는 누군가에게 응석을 부리고 싶어집니다.
나를 받아주는 사람만 있다면,
그가 누구이든 우리는 응석을 부리고 투정을 하고 싶습니다.

그러나 그 순간에
우리는 아주 조심할 필요가 있습니다.
마음이 상했을 때 우리의 마음은 수용능력이 증가되며
누군가 조금만 우리에게 친절을 베풀어도
우리는 곧 거기에서 위안을 얻게 될 것입니다.

그러므로 많은 잘못된 관계들이
그러한 위로에서 시작됩니다.
많은 잘못된 중독들이
슬프고 외로울 때 마음을 열었던 바로 그 순간에 시작됩니다.

마음이 상하고 누군가의 위로가 필요할 때
조용히 주님께로 가십시오.
어둠 속에서 조용히 앉아서
당신 곁에 묵묵히 앉아 계시는 그분을 느끼며
그분의 위로를 경험하십시오.

당신은 점차 어둠에 익숙해지고
그분의 체취를 느끼게 될 것입니다.
그리고 아마 주님께 묻겠지요.
사랑하는 주님, 여기 계셨군요...
제가 얼마나 찾았는데요...
그런데 언제부터 여기에 계셨어요?

그분은 대답하시겠지요...
아까부터, 아주 오래 전부터
여기에 있었단다... 너를 기다리며...
그리고 네가 다른 곳으로 나갈까봐 걱정했었다...
그러나 네가 밖으로 나가지 않고
여기서 나를 찾은 것이 얼마나 기쁜지 모른단다...
아마 그렇게 말씀하시겠지요...

힘들고 어려울 때
오직 주님의 위로를 구하십시오.

그분의 위로를 얻게 되었을 때
당신은 그 위로가
당신이 겪은 고통보다 훨씬 더 크다는 사실을 알게됩니다.
그러므로 오히려 그 고통을 인하여
더욱 크게 기뻐하게 될 것입니다.

고통은 당신을 주님께로 이끌며
위로는 그분을 당신에게로 이끕니다.
그렇게 두 사람은 연합되어
깊은 사랑으로 함께 나아가게 되는 것입니다.

76. 주님의 인간 되심을 인식하십시오.

이 우주 안에서 가장 놀라운 비밀은
하나님께서 인간이 되셨다는 사실입니다.
그리고 그 이유는
우리의 죄를 인간으로서 담당하셔야 했지만
또한 동시에
우리와 교제하며 연합하기를 원하셨기 때문입니다.

많은 사람들이 주님을 두려워하며
어떤 거리감을 가지는 것은
주님이 하나님이시면서 동시에
완전한 사람이 되셨다는 사실을
잘 인식하지 못하고 있기 때문입니다.

기억하십시오.
그분은 완전한 사람이 되셨습니다.
당신과 가까이 교제하기 위하여
완전한 인간이 되셨습니다.
그분은 사람으로서
기뻐하고 슬퍼하시며
즐거워하고 고통스러워하시며
인간의 모든 성정을 느끼십니다.

그러므로 그분께 나아가 기도를 드리며
완전한 사람이신 그분을 바라보십시오.

그분의 얼굴
그분의 표정
그분의 눈동자
그분의 자세
그분의 분위기
그분의 옷차림...
그것들을 조용히 묵상해보십시오.

당신은
주님이 실제적으로
당신 곁에 가까이 계심을
느끼게 될 것입니다.

주님, 그분은 사람이 되셨습니다.
그분은 완전한 사람입니다.
이 사실을 분명히 이해하고
경험할 수 있다면
당신의 기도는
한 단계 발전할 수 있을 것입니다.

77. 공감의 기도를 드리십시오.

다른 사람과 마음을 나누는 것은
참으로 아름다운 일입니다.
마음속에 있는 깊은 부분을
누군가에게 이야기하고
상대방이 그것을 받아준다면
그리고 같이 공감한다면
그것은 너무나 아름답고 행복한 일입니다.

우리는 공감할 사람이 없어서
고독하고 불행합니다.
아무리 오랫동안 곁에서 같이 있었던 사람이라도
그들이 서로 공감하지 못한다면
같이 마음을 나누지 못한다면
그것은 서로간의 가슴속에 가득한 공허를
메꾸어주지 못하는 것입니다.

당신이 주님께 좀 더 가까이 나가기 원하신다면
주님의 마음을 느껴보려고 하십시오.
그분의 고독과 절망, 슬픔과 안타까움을
느껴보려고 하십시오.

주님은 완전한 인간이 되셨으므로
그분은 사람과 똑같이
슬퍼하고 지치시며 외로와 하십니다.
당신이 당신 자신의 슬픔에 몰두하고 있을 때
당신은 당신 자신으로 깊이 들어갑니다.

그러나 당신이 주님의 마음을 느끼기 시작할 때
당신은 주님의 속으로 들어가며
주님의 사람이 되어가기 시작하는 것입니다.

그분의 슬픔을 느끼십시오.
그분의 고독을 느끼십시오.
그분의 분노를 느끼십시오.
그분의 기쁨을 느끼십시오.
잃어버린 영혼을 향한 그분의 슬픔을 느끼십시오.
어린 영혼을 향한 그분의 안타까움을
그대로 느껴보십시오.
그분께 속한 영혼들의 방황을 보시는 그분의 아픔을
느껴보십시오.
그의 사랑을 받아들이지 않고 오해하는 영혼들에 대한
그의 절망을 느껴보십시오.

당신이 그분의 감정을 경험할수록
당신은 그분을 알게 됩니다.
또한 당신은 그분의 슬픔과 고독, 아니 그 모든 것 속에
거룩과 생명이 가득한 것을 알게 될 것입니다.
그리고 당신도 그 생명의 한 부분을 같이 누리게 될 것입니다.

그분의 마음과 당신의 마음의 파장을 맞추십시오.
자신의 문제로 씨름하지 말고
주님의 마음으로 당신 안에 채우십시오.

그것에 대하여 점점 익숙해질수록
당신은 주님과 하나될 수 있을 것입니다.
그리하여 이 땅에서 작은 예수가 되어
사람들을 사랑하는 통로가 될 수 있을 것입니다.

공감은 두 사람의 연합의 과정입니다.
그것은 진정한 사랑이며 또한 아픔입니다.
그리고 그 사랑과 고통 안에서
둘이 하나가 되어 가는 길인 것입니다.

78. 주님을 위로하십시오.

주님의 사람되심을 알고
그분의 마음에 대하여 공감하실 수 있다면
이제 그분을 위로해 보십시오.

겉으로 강해 보였던 어떤 사람이
의외로 강한 사람이 아니며
연약한 부분을 갖고 있음을 알 때
우리는 그에게 애정을 느끼게 됩니다.
그리고 그의 연약한 부분을 채워주고 싶어하며
그렇게 함으로서 아름다운 사랑과 연합을 이루게 됩니다.

주님은 우리의 사랑을 입기 위하여
자신의 연약함을 숨기지 않으셨습니다.
그분은 우리와의 연합을 위하여
그분의 슬픔을 보이셨습니다.
그분은 그의 고독을, 절망을 우리에게 보이십니다.

내 마음이 심히 고민하여 죽게 되었으니
너희는 여기 머물러
나와 함께 깨어 있으라
그분은 그렇게 말씀하십니다.

그러므로 이 밤에 깨어서 그분과 함께 머물러 있으며
그분을 위로하는 자는
그분의 사랑 안에서 하나가 될 것입니다.

그분의 슬픔에 동참하며
그분을 위로하십시오.
주님의 마음을 느끼며
그분의 눈물에 당신의 눈물을 섞으십시오.

당신이 주님의 마음을 느낄수록
당신은 주님과 하나가 될 것입니다.
당신이 주님께 당신의 위로를 드릴수록
당신은 주님과 연합될 것입니다.

수많은 위로와 공감의 기도를 드린 후에
당신은 점점 주님의 사람으로 변화되어 갈 것이며
자신의 고통이나 환경의 부침이
별로 대단하게 여겨지지 않을 것입니다.

왜냐하면 이제 당신은 주님의 사람이며
당신에게는
오직 주님의 마음과 주님의 뜻만이
중요하기 때문입니다.

79. 주님의 고독에 참예하십시오.

주님이 이 땅에서 사실 때에
그 분은 누구보다도 더 고독하셨습니다.
가족도 형제들도
심지어 그를 사랑한다고 따르는 그의 제자들도
주님의 마음을 이해하지 못했습니다.
그래서 주님은 말씀하시기를
여우도 굴이 있고 공중의 새도 집이 있지만
인자는 머리 둘 곳이 없다고 말씀하셨습니다. (눅9 : 58)
그분을 따르는 수많은 군중의 무리 속에서
주님은 고독과 슬픔을 느끼셨습니다.

지금은 상황도 별로 다를 것은 없습니다.
주님은 교회 밖에서 외로우시고
교회 안에서는 더욱 외로우십니다.
많은 이들이 주의 이름을 부르지만
그들의 중심과 관심이
그분에게서 멀어져 있는 것을 잘 아시므로
그분은 고독하십니다.

예배와 기도 속에서 그분은 고독하시며
여러 행사와 활동 속에서 그분은 고독하십니다.
교회 안의 많은 영적인 무감각과

사모함의 부족 때문에 그분은 고독하시며
비본질적인 것으로 인한 많은 다툼과 정죄를 인하여
그분은 고독하십니다.
교회 밖의 잃어버린 영혼들을 인하여 그분은 고독하시며
진정 마음의 중심이 그분께 드려지지 않은 많은 영혼들을 인하여 그분은 고독하십니다.

주님께로 가까이 나아오십시오.
주님의 마음으로 가까이 나아오십시오.
그분의 고독을 느끼십시오.
그분의 슬픔을 느끼십시오.
그분의 아픔에 동참하면서
주님의 눈물을, 주님의 고통을,
그분의 고독과 버림받음을
당신의 마음속에 통렬하게 느끼십시오.

가슴이 찢어지는 것 같아도 거기에도 도망가지 말고
눈물이 뺨 위로 흘러내려도 그것을 닦지 마십시오.
그저 주님의 슬픔, 주님의 고독 속에
조용히 머물러 계십시오.
그분이 우리를 위하여 고통의 쓴 잔을 남김없이 마셨듯이
당신도 할 수 있다면
그분의 쓴 잔에 참여하십시오.

당신의 삶 속에 고독이 주어질 때
거기로부터 애써서 도망치지 말고
쓸데없이 자기 연민에 파묻히지 말고
그 순간 주님의 고독과 상처를 기억하십시오.
당신의 슬픔과 당신의 고독으로 인하여
더욱 더 주님에게 가까이 나아가도록 하십시오.
많은 경우 그러한 고독은
당신을 그분의 품으로 가까이 이끄시기 위한
주님의 부르심입니다.
그러므로 그러한 고독 속에서 주님을 기억하십시오.

주님의 고독,
주님의 절망에 머물러 계십시오.
그분의 아픔을 조용히 느끼면서
조용히 그 교제의 자리에 머물러 계십시오.
당신이 그분의 고독을 느끼고 그분의 고통을 경험할수록
당신은 그분과 하나가 될 수 있는 것입니다.
고통의 나눔, 마음의 나눔...
그것은 두 사람이 하나가 될 수 있는
아주 중요한 방법입니다.

우리는 누구나 자신의 고독을 다른 이들과 나누기를 원하며
주님도 그분의 마음을 쏟아부을 사람을 찾으십니다.

당신이 그 사람이 되십시오.
주님께서 그분의 마음 속에 담긴 모든 이야기를
모든 고통을 다 호소할 수 있는
그러한 사람이 되십시오.
그것은
그분의 고독을 느끼기 시작할 때
그때부터 이루어지기 시작하는 것입니다.

제 10장 다양한 기도의 방법들

우리는 여러 가지의 다양한 방법으로
주님 앞에 가까이 나아갈 수 있습니다.
각 사람은 자신에게 편한 방법을 통하여
주님의 임재를 경험할 수 있으며
주님은 할 수 있는 모든 방법을 통하여
우리에게 말씀하시고
우리와 교제하시며
그분의 풍성하신 사랑을
우리에게 나누어주시기를 원하시는 것입니다.

80. 주님의 손을 잡으십시오.

주를 향하여 손을 드십시오.
그리고 그렇게 기도하십시오.
주님, 내 손을 주님께 듭니다.
나의 손을 잡아주십시오.
그리고 나서 조용히 기다리십시오.

조금 시간이 흐르면
당신은 손이 짜릿한 느낌이나
어떤 압박감을 느끼게 될 것입니다.
당신이 그 손을 가지고
어떤 아픈 사람이나
마음이 힘든 사람에게 손을 얹고 기도할 때
그들은 어떤 위로와 힘을 느끼게 될 것입니다.
이는 당신의 손을 주님이 잡아주셨기 때문이며
당신의 손을 통해서
주님이 다른 이들을 만지시기 때문입니다.

손을 통하여 주님을 느끼십시오.
손을 통하여 사람들을 도우십시오.
당신의 손이 주님의 사랑의 통로가 되게 하십시오.
사랑과 치유의 도구가 된다는 것
그것은 정말 아름다운 일입니다.

우리는 모두 무능하지만
주님이 우리와 함께 하실 때
우리는 많은 것들을 나눌 수 있습니다.

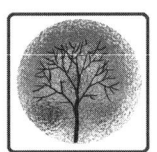

81. 빛을 상상하십시오.

하늘에서 황금색 빛이 내려와
당신의 주위를 따뜻하게 감싸고 있다고 상상하십시오.

그 빛 속에서
주님이 당신을 어루만지고 있다고 상상하십시오.
그리고 그 사랑의 빛이 당신을 보호하며
어떤 나쁜 세력도 그 빛을 뚫고 들어올 수 없다고 생각하십시오.

당신은 차츰
그것이 단순한 상상이 아니라는 것을 알게 될 것입니다.
하루종일 기분이 즐거우며
주님의 임재가 좀 더 선명하게 느껴지기 때문입니다.

주님은 빛이시며
당신이 그 빛을 묵상하는 것은
당신의 생각을 밝게 해서
주님이 당신을 쉽게 만질 수 있도록 도와줍니다.

항상 그 빛 가운데 거하십시오.
그것은 당신의 삶을 아름답고 즐겁게 하며
주님과 동행하는 것을 도와줄 것입니다.

82. 몸에 기름부음을 받으십시오.

아무도 없는 조용한 곳에서
조용히 주님 앞에 서 계십시오.
그리고 눈을 감고 손을 들고
주님께서 당신에게 임하시도록 기다리십시오.

주님께서 임하시는데 방해되는 요소가 있는지
주님께 물어보고
특별히 떠오르는 장애요소가 없다면
조용히 주님을 기다리십시오.
아마 주님께서 당신에게 임하시고
당신을 만지시는 것을 느끼게 될 것입니다.

주님을 기다리기 전에
찬양과 강력한 기도를 드리셨다면
당신은 좀 더 강한 주님의 임하심을 경험하게 될 것입니다.
몸에 마치 갑옷을 두른 것처럼
강하고 두꺼운 압력감이 오게 될지도 모릅니다.

그 느낌자체에 몰두할 필요는 없습니다.
그러나 그러한 경험은
주님의 권능이 당신에게 머무르는
일반적인 경험입니다.

그 경험 후에 당신은
좀 더 자신 있고 강력한 주님의 사람으로 쓰여질 수 있을 것입니다.

자주 그와 같이 주님을 기다리며
그분의 권능이 임하기를 기대하십시오.
당신은 점점 더
유능한 주님의 사람이 되어갈 수 있을 것입니다.

83. 영적인 에너지를 받으십시오.

하나님은 이 우주의 창조자이시며 모든 만물들은 보이지 않는 그분의 능력으로 인하여 존재하고 유지됩니다.

그분은 우주의 모든 별들을 움직이시며 그 권능으로 온 세계를 통치하십니다.

이 세상 안에는 그 주님의 권능이 꽉 들어차 있으며 그 에너지는 모든 것들에게 계속 임하고 있습니다.

식물도 그 주님의 에너지를 받아들여 생존합니다.

타락한 인간은 그 근원이신 주님을 잊고 보이는 것들에게만 집중합니다.

마치 보이는 것들이 근원인 것처럼 보이는 것에 몰두합니다.

사람의 타락은 그처럼 근원을 잊고 파생적인 물질적인 것에 사로잡혀 있는 것입니다.

이제 긴장을 풀고 마음을 열고 그 보이지 않는 에너지를 느끼십시오.

우리가 느끼지 못할 때에도 주님의 권능은 우리를 붙들고 있으며 우리가 그분을 의식할 때 그 힘은 우리에게 더욱 더 가까이 임하게 됩니다.

생각하는 것도 느끼는 것도 움직이는 것도 그 모든 생명의 활동도 주님의 권능에 의해서 가능할 수 있는 것입니다.

의식하지 않아도 그 주님의 힘은 우리에게 흘러 들어옵니다.
그러므로 우리는 생명을 유지할 수 있는 것입니다.
그러나 우리가 주님께 집중을 하면서 마음을 열고 있으면 우리는 좀 더 그 강한 에너지의 흐름을 인지할 수 있습니다.

우리는 너무 자주 생명의 근원이신 주를 잊고 삽니다.
그래서 우리의 모든 생명, 지각하는 힘, 정서, 힘들은 근원에서 떨어져서 쉽게 지치고 피곤해집니다.
그러나 우리가 만물의 근원이신 주님을 의식한다면 우리는 그 약동하는 생명의 에너지를 느낄 수 있으며 좀 더 신선한 주님의 기름 부으심으로 충전될 수 있습니다.

조용히 믿음으로 그 에너지를 받아들이십시오.
조용히 그 기운이 온 몸에 채워지고 충만케 되도록 믿음으로 끌어당기십시오.
부드럽고 강한 에너지의 흐름이 당신의 머리를 시원하게 하고 가슴을 따뜻하게 하며 온 몸에 부드럽게 흘러 들어오는 것을 경험하십시오.

영적인 세계, 영적인 에너지는 물리적인 거리상의 문제가 아니며 우리의 의식에 달려있는 문제입니다.
우리의 의식이 근심과 두려움으로 채워져 있다면 그것은 우리의 영적인 에너지를 빼앗아갑니다.

그러나 우리가 주를 바라보며 조용히 충전되기 원할 때 우리는 영적인 세계와 교통하게 되며 그 신선한 기운은 우리를 사로잡게 됩니다.

이 우주는 신성한 하나님의 기운으로 가득 차 있습니다.
그분의 약동하는 생명 에너지로 가득 차 있습니다.
당신을 둘러싸고 있는 그 충만한 에너지를 느끼십시오.
믿음으로 그 에너지를 끌어당기십시오.
그리고 받으십시오.
그것으로 충전되십시오.
우리는 곧 새 힘을 얻게 됩니다.
우리는 신선한 생명력으로 곧 채워지게 됩니다.
자주 주님 앞에서 그의 생명의 기운으로 충전되십시오.
그분은 우리를 채우시는 분이며
당신이 그것을 경험할 때
당신은 그것을 이해할 수 있을 것입니다.

84. 주님을 마시십시오.

주님의 영은 온 우주에 편만하게 운행하고 계십니다.
수시로 그분의 영을 마시십시오.
그저 단순하게
주님을 바라보면서
오, 주님... 하면서
주님을 마시면 됩니다.

당신은 그분의 영, 그분의 바람, 그분의 기운이
당신 안에 임하시는 것을 느낄 수 있습니다.
그곳이 어디이든
어떤 상황에 있든지
당신이 주님을 호흡하며 마실 때
당신은 행복해 질 것입니다.
당신은 주님이 관념이 아니며
저 멀리 계신 분이 아니라는 사실을
곧 깨닫게 될 것입니다.

85. 주님의 보혈을 적용하십시오.

주님의 보혈은 우리를 정결케 하시며
그것은 관념이 아닙니다.
우리가 그것을 지금 이 시간에 적용하기를 원한다면
우리는 그 보혈의 역사를 경험할 수가 있습니다.

보혈은 우리를 치유하며 새롭게 하십니다.
당신이 지금 머리가 몹시 아프다면
주님의 머리에서 흘린 피를 묵상하십시오.
그 가시관에 찔려 흘리시는 피가 당신의 머리에 임하는 것을 믿음으로 바라보십시오.
당신은 곧 아프고 혼미했던 머리가 맑아지는 것을 느끼게 됩니다.

가슴이 불안하고 답답할 때
주님의 보혈이 당신의 가슴에 떨어지는 것을
믿음으로 바라보십시오.
당신은 곧 마음이 안정되는 것을 경험할 수 있습니다.

나는 오래 전 무좀으로 몹시 고생한 적이 있었습니다.
무좀이 심해져서 진물이 많이 흘렀고 어떤 약을 사용해도 낫지 않았습니다.
나는 명령하는 기도와 함께 보혈의 기도를 사용했습니다.

나는 보혈의 이름으로 악한 병의 기운이 사라지도록 명령했으며 주님의 보혈이 나의 발 환부에 뿌려지는 것을 믿었습니다.

그리고 불과 며칠 되지 않아서 몇 년간 고생했던 발이 깨끗이 낫는 것을 경험했습니다.

당신이 질병으로 고통할 때 당신은 그 보혈의 능력을 의지할 수 있을 것입니다.

당신이 영적인 권능을 얻기 원한다면
당신은 주님의 손에서 흐르는 피를 묵상할 필요가 있습니다.
주님의 손바닥에서 흐르는 피는 권능과 관련된 피입니다.
당신은 그 보혈의 권능이 당신에게 임하도록 믿고 그것을 받아들여야 합니다.

당신이 자신의 죄와 잘못에 대한 죄책감으로 고생을 하고 있다면
지나친 수치심으로 마음이 괴롭다면
당신은 주님의 보혈로 씻김을 받아야 합니다.

믿음으로 주님이 달리신 십자가 밑으로 가십시오.
그리고 십자가에서 떨어지는 주님의 보혈로
당신의 온 몸을 깨끗하게 적시십시오.
그리고 그 피가 당신을 정결케 하는 것을 믿으십시오.

곧 당신의 마음은 회복되고
주님의 의로우심과 정결한 느낌이
당신의 영혼을 사로잡게 될 것입니다.

주님의 보혈은 지금 이 시간에 역사합니다.
그 피를 의지하는 자는
반드시 그 피의 능력으로 인하여 의롭게 되고
새 힘을 얻게 될 것입니다.

주님은 살아계시며
그분은 언제나 구하는 자들에게
그분의 사랑과 역사를 허락하시는 것입니다.

86. 말씀 속으로 들어가십시오.

영의 세계는 시공을 초월하며
하나님의 말씀도 시공을 초월합니다.
우리의 몸은 이 시대에 살고 있지만
우리의 영은 말씀 속에서
과거에 있었던 주님의 역사들을 경험할 수 있습니다.

마음속의 상상을 통하여
산상수훈의 그 산으로 가십시오.
수많은 사람들이 주님의 말씀을 듣고 있는
그 중에 끼여서 앉으십시오.

바위에 팔을 기대고
그분의 말씀을 경청하십시오.
중요한 말씀은 노트에 필기하십시오.
다른 청중들의 표정을 살피십시오.
베드로의 표정, 요한의 모습을 살펴보십시오.

당신이 앉아있는 풀밭의 감촉을 느끼십시오.
당신은 이름 모를 꽃을 한 송이 따서
조용히 그 향기를 맡아볼 수도 있습니다.
이윽고 주님의 가르침은 끝나고
청중들은 사라져 갑니다.

그러나 당신은 그 자리에 남아서
주님과 면담을 청하십시오.

주님이 가까이 오십니다.
그리고 물으십니다.
너는 무엇을 원하느냐.
대답하십시오.
주님. 당신의 축복기도를 받고 싶습니다.

언젠가 사람들에게 이 이야기를 나누었을 때
어느 자매가 말했습니다.
목사님. 꼭 최면술 같아요.
나는 마음이 상해서
다시는 이 이야기를 하지 않았습니다.
그러나 내가 이 경험을 통해서 얻은 기쁨은
너무나 놀랍고 아름다워서
나는 그것을 잊을 수 없었습니다.

비록 상상 속이지만
말씀 속에서의 경험이지만
주님께서 가까이 오셔서
나에게 기도해주셨을 때
나는 그것이 실제인지 아닌지

구분할 수 없었습니다.
그것은 말로 형용할 수 없는 기쁨이었습니다.
나는 너무나 놀라고 행복해서
마치 가슴이 터지는 것 같았습니다.

나는 당신도 그 기쁨을 같이 맛볼 수 있기를 바랍니다.
말씀 속에서 살아 움직이시는
주님을 경험하시기를 바랍니다.
그것이 당신에게 실제가 될 때
당신은 좀 더 주님을 사랑하게 될 것입니다.
그리고 주님의 아름다우심 속에
좀 더 사로잡히게 될 것입니다.

87. 기도 의자를 사용하십시오.

우리의 기도가 실제적이 되지 못하는
많은 이유가 있지만
그 중의 하나는 주님과 대화를 나누면서도
주님을 옆에 계신 분으로 인식하지 않고
저 멀리 계신 분으로 생각하고 있기 때문입니다.

그러므로 그들의 기도는 따뜻하고 친밀하지 않으며
대화가 아니고 독백과 같습니다.
이러한 경향을 치유하기 위하여
기도 의자를 사용할 수 있습니다.

당신의 방, 또는 사무실에서
주님과 대화를 나눌 때에
당신의 옆에 기도 의자를 하나 마련하십시오.
그 의자는 화려하거나 멋질 필요는 없으며
그저 자연스러운 것이면 됩니다.
다만 평소에 사용하지 않는 것이 좋겠지요.

조금 어둡고
주위가 고요해서
당신의 대화가 방해를 받지 않는다면
그것은 금상첨화일 것입니다.

기도 의자의 아래에 무릎을 꿇든지
아니면 옆의 의자에 앉든지
그것은 당신의 자유입니다.

다만 중요한 것은
그 의자 위에
주님이 앉아 계시다고 믿고 상상하는 것입니다.

의자에 앉아 계신 주님께
친구처럼 친근하게 부드럽게
당신의 마음을 표현하십시오.

당신이 주님을 얼마나 그리워하는지
얼마나 그분을 사모하는지
그리고 얼마나 감사하고 있는지
한마디씩 천천히
그리고 자연스럽게 이야기하십시오.
당신은 주님께서 그것을
조용히 듣고 계시는 것을
느낄 수 있을 것입니다.

이 기도는 당신의 기도를
매우 실제적으로 만들어 줍니다.

당신은 당신이 기도하는 장소가
형용할 수 없는 향기로 가득 채워지는 것을
느끼게 될 것입니다.

그렇습니다.
그것은 현실입니다.
당신은
주님의 임재가
꿈이 아닌 것을 알게 될 것입니다.

의자는 작은 도구에 불과하지만
그것은 당신의 묶여있는 사고를
어느 정도 부드럽게 풀어주는 역할을 합니다.

그것은 우리의 마음과 생각을 자연스럽게 만들어서
우리가 주님의 임재와 영광에
더욱 깊이 들어갈 수 있도록 도와주는 것입니다.

기도 의자를 통하여
주님께 조금 더 가까이 가십시오.
당신의 기도가 실제적이 되게 하십시오.
결코 혼자만의 독백이 아닌
따뜻하고 친근하며

부드러운 것이 되게 하십시오.
기도가 친근해지기 시작할 때
당신은 많은 것들이 변화되기 시작할 것입니다.

88. 상상 속에서 주님과 함께 걸으십시오.

기도 의자를 통하여
당신의 영이 조금 부드러워진다면
당신은 당신의 상상을 확장할 수 있습니다.

그 상상 속에서
주님과 함께 걸으십시오.
어디든 좋습니다.
당신이 가고 싶은 곳을 주님과 함께 가십시오.

깊은 숲 속의 작은 오솔길
앞서 걸어가시는 주님을 따라 걸으십시오.
따사로운 햇볕을 즐기며
연못이 있는 곳까지 걸으십시오.

시냇물이 졸졸 흐르는 곳에서 발을 멈추고
주님과 함께 앉으십시오.
그리고 주님의 다리를 베고 누우십시오.
당신을 향한 주님의 따뜻한 사랑과 돌보심을
조용히 느껴보십시오.

어느 집회에서 이 상상의 기도를 인도하다가
나는 어느 자매가 우는 것을 보았습니다.

그녀는 호수 앞에서
주님의 다리를 베고 누워 있었습니다.
나는 그녀에게 왜 우느냐고 물어보았습니다.
그녀는 흐느끼면서 대답했습니다.
이 순간을 너무나 기다려왔어요...
너무나... 너무나... 그리웠어요...
그녀에게 그것은 환상이 아니고 실제였습니다.

우리는 상상을 사용하여 기도합니다.
그러나 그것은 단순히 상상이 아닙니다.
주님은 그것을 통하여 우리에게 임재하시며
놀라운 기쁨과 자유함을 허락해 주십니다.
우리는 주님의 품안에서 변화되고 행복해지며
평소에 알지 못하던 것을 느끼고
보지 못하던 것을 보게 됩니다.

주님과 함께 걸으십시오.
주님과 함께 대화를 나누십시오.
주님의 표정을 살피십시오.
당신이 그분께 드리고 싶은 말씀을 드리십시오.
그것은 당신을 행복하게 하며
주님과의 만남을 새롭게 하는
아름다운 열매를 선사할 것입니다.

89. 기도노트를 사용하십시오.

교회에 가서 무릎을 꿇는 것이 어려운 상황이라면
기도 노트를 사용하는 방법도 생각할 수 있습니다.
당신이 만약 대화식 기도를 통하여
주님의 음성을 듣기 원하신다면
이 노트의 사용을 통하여
주님과의 아름다운 교제 속으로
들어갈 수 있을 것입니다.

노트를 편 다음에
가운데에서 선을 그어서 두 부분으로 나누십시오.
그리고 왼쪽에는 당신이 주님께 하고 싶은 이야기를,
그리고 오른 쪽에는 주님이 당신에게 하신다고 느껴지는 이야기를 기록하십시오.

처음에 당신은
왼쪽에는 여러 이야기를 쓸 수 있으나
오른 쪽에는 무엇을 써야할지
잘 모를 것입니다.
그러나 차츰 당신은
오른 쪽에 쓸 말이 떠오릅니다.

그것은 이런 말일수도 있습니다.
내 딸아, 내 아들아.
왜 두려워하느냐.
나는 너와 항상 함께 있다.
너는 이것이 너의 음성이라고 생각되느냐?
의심하지 말아라.
너의 음성은 너에게 평안과 안식을 주지 못하느니라.
나는 너를 사랑한다.
네가 알지 못하는 순간에도
나는 항상 너와 함께 있다...

떠오르는 이러한 느낌들을 기록하면서
당신은 흐르는 눈물을 주체하기 어려울 수도 있습니다.
그리고 당신은
당신의 상황에 맞는 지혜와 말들이
마구 쏟아지는 것 같은 인상을 받게 됩니다.

당신은 여전히 의심이 들겠지만
분명한 것은
주님은 말씀하기 원하신다는 것이며
그러한 그분의 감동은
기쁨과 설레임, 평안을 주신다는 사실입니다.

기도노트를 통하여
주님께 나아가십시오.
그분의 음성을, 감동을 기록하십시오.
그분의 음성에 대한 당신의 응답을
다시 왼쪽에 기록하십시오.
그리고 그 응답에 대한 그분의 응답을
다시 오른 쪽에 기록하십시오.
그것은 당신을 변화시킬 것입니다.
그것은 당신을 기도에 빠지게 할 것입니다.

기도를 통하여 주님의 실제를 경험한 사람은
그 누구도 거기에 빠지지 않을 사람이 없습니다.
왜냐하면 그것은 순수한 기쁨이며
인간이 누릴 수 있는 최대의 행복이기 때문입니다.

90. 기도 편지를 드리십시오.

사랑하는 사람과 함께 대화를 하는 것은
참으로 즐거운 일입니다.
그러나 대화에는 기술이 필요합니다.
그리고 모든 사람이 그 기술에 익숙한 것은 아닙니다.
그래서 우리는 때때로 대화에서 실수를 하게 되고
이상하게도 원하지 않는 말이 입에서 나오는 것을 느끼게 됩니다.
그럴 경우 우리는 대화로 인한 단절과 어색함을 풀기 위해서 편지를 쓰는 경우가 있습니다.
편지는 대화보다 좀 더 차분하게 우리의 마음을 정리하고 표현할 수 있도록 도와줍니다.

기도 편지도 이와 같습니다.
막상 무릎을 꿇고 기도하려면 쉽지 않고 어색한 경우
또는 기도할 수 있는 마땅한 공간을 찾기가 쉽지 않은 경우
우리는 사랑하는 주님께
기도의 편지를 작성할 수가 있습니다.

주님께 편지를 드린다는 것 -
그것은 정말 흥분되는 일입니다.
게다가 우표 값도 들지 않지요...

사무실에서 자기 방의 책상에서
다른 사람에게 방해받지 않을 수 있는 곳에서
사랑의 주님께 편지를 쓰십시오.
다정하고도 친근하게
당신의 마음이 어떤 상태인지
주님을 어떻게 느끼고 있는지
당신이 주님께 무엇을 원하며 고백하기를 원하는지
조용히 천천히 기록해보십시오.

당신의 삶의 지치고 피곤한 문제들을
스스로 감당하기 어려운 무거운 짐에 대한 이야기들을
억울하고 속이 상하며 정말 당신을 이해하고 받아줄 수 있는
친구에게 다 털어놓고 싶은 이야기들을
솔직하고 진지하게 조용히 기록해보십시오.

당신이 주님께 자기의 마음을 편지에 충분히 토로했다면
아마 당신은
편지를 끝마칠 즈음이면
이상하게도 마음이 가라앉고
새로운 힘과 용기가 생기는 것을 느낄 수 있을 것입니다.

주님께 드리는 사랑의 편지, 고백의 편지...
그것은 당신과 주님과의 관계를 한층 더 가깝게 해 줄 것입니다.
아마 어떤 서먹서먹함, 벽들을
제거해줄지도 모릅니다.

부디 기도의 편지를 시작하십시오.
당신은 곧 주님께로부터
아름다운 답장을 받게 될 것입니다.
그 답장은 아무도 알 수 없지만
당신은 마음의 감동과 느낌을 통하여
주님의 싸인을 느낄 수 있게 될 것입니다.

당신은 모든 것들을 통하여
그분이 당신의 편지를 읽고 계시며
당신이 편지에 쓴 모든 이야기들을 기억하시며
당신에게 답장을 쓰고 계신다는 사실을
곧 깨닫게 될 것입니다.

91. 가끔 금식하십시오.

우리의 영혼에 좀 더 많은 기름부음이 필요할 때 금식 기도는 아주 좋은 방법입니다.

사람들은 보통 어떤 심각한 문제가 있을 때에 금식 기도를 드리지만 금식 기도는 영혼을 좀 더 아름답고 맑게 하고 육성의 힘을 약화시키는데 중요한 역할을 하는 것입니다.

육성의 모든 힘이 먹는 데에서부터 나오기 때문에 우리는 이 먹는 문제를 잘 통제하여 육체를 다스릴 수 있어야 합니다.

육체를 지나치게 학대하면 안되지만 육의 힘이 너무 강해져서 그를 다스릴 수 없다면 육체가 우리의 주인이 아닌 것을 가르치기 위해서 가끔 굶길 필요가 있습니다.

어떤 이들은 금식을 작정한 후에 시계를 째려보면서 그 시간을 버티려고 애를 씁니다.

그러나 금식을 며칠 마쳤다는 성취감은 영혼에게 그다지 도움이 되는 것이 아니며 그러한 자세라면 먹고 기도하는 것이 낫습니다.

금식은 육체를 잔잔하게 하며 잠자고 있던 영혼의 힘을 일깨웁니다.

그리하여 금식이 바르게 진행되면 영혼이 맑아지며 영의 세계에 대한 민감성이 증대됩니다.

금식으로 위장이 비워지게 되면 호흡이 깊어지게 되며 자연스럽게 심령이 시원해지게 됩니다.
금식은 오래 할수록 좋은 것은 아니며 한 두끼만 하더라도 그만큼의 유익을 얻을 수 있습니다.

금식을 하면 일시적으로 몸이 힘들고 고통이 느껴지며 몸이 찌뿌둥해지고 여러 증상들이 나타나기도 합니다.
그러나 그것은 몸에 쌓여져있는 독성의 정화 과정이며 조금 쉬고 있으면 차츰 회복되어 집니다.

먹는 것은 사람의 첫 번째 죄였습니다.
먹는 것으로 인하여 모든 죄들이 들어오기 시작했으며 육의 힘이 강력해지기 시작하였습니다.
그러므로 주님께서는 구속 사역을 금식에서부터 시작하셨던 것입니다.

경력을 위하여 금식을 하는 것은 어리석은 일입니다.
그러나 가끔 조금씩 먹는 것을 중단하고 주님께 집중하고 몰두할 수 있다면 그것은 아주 좋은 일입니다.
입맛이 좋을 때 굳이 금식하려고 애쓰지는 마십시오.
그러나 가끔 심령이 상하고 입맛이 없다면
그것은 금식하기 좋은 사인입니다.

그럴 때 식사는 안 하면서도 군것질로 몸을 상하게 하지 말고 깨끗하게 금식을 하십시오.

몸을 정화시키고 영을 강화시키십시오.

금식할 때는 호흡 기도가 많이 필요합니다.

위장이 비워진 만큼 대신에 폐를 신선한 기운으로 충분히 채울 필요가 있으며 그것은 마음도 몸도 상쾌하게 만듭니다.

자학적인 금식은 좋은 것이 아닙니다.

금식을 즐기십시오.

위장이 비워진 그 가볍고 맑은 상태를 즐기십시오.

우리가 가끔 금식을 통하여 주님 앞으로 나아갈 때

우리 영혼은 좀 더 자유롭고 풍성한 행복을 경험하게 될 것입니다.

92. 악한 영들을 대적하십시오.

기도는 주님과의 사랑스러운 만남이지만 또한 전쟁의 요소가 있음을 잊어서는 안됩니다.

이 아름다운 만남을 방해하고 공격하는 이들이 항상 있기 때문입니다.

눈을 감고 머리를 숙이기만 하면 떠오르는 잡념, 졸음… 적지 않은 경우 그러한 것들은 악한 영들의 방해로부터 옵니다.

우리는 주님의 은혜를 많이 경험하면서도 일상의 복잡한 상황에 부딪히면 쉽게 주님의 임재를 잊어버립니다.

그 이유는 무엇일까요?

역시 많은 경우에 악한 영들이 우리의 영혼을 혼미케 하며 우리의 정신을 주님으로부터 문제에 몰두하도록 역사하기 때문입니다.

때때로 우리는 갑자기 마음이 불안해지고 조급해지며 끝없는 번뇌의 생각들이 몰려오는 것을 느낍니다.

오, 그 이유는 무엇일까요?

아마 우리의 영이 조금 더 민감하다면 우리는 우리의 주변에 어둠의 기운이 있으며 그들이 우리를 누르고 우리에게 악한 영향을 행사하려고 애쓰는 것을 보거나 느낄 수 있을 것입니다.

눈을 뜨고 일어나 그 악한 영들을 결박하십시오.
그들은 두렵고 강한 존재가 아니며 더럽고 속이는 영들입니다.

우리는 우리 안에 놀라우신 분을 모시고 있으며
우리가 그분의 이름을 선포하고 악한 영들을 결박할 때에
그들은 감당하지 못하고 도망갑니다.

불안하고 답답할 때
기도의 영이 막히고 방해를 받을 때
힘차게 외쳐보십시오.
이 악한 영들아!
내가 예수의 이름으로 명한다!
너희는 나를 속일 수 없다!
내가 주의 이름으로 너희를 결박한다!
예수의 이름으로 물러가라!
이 모든 어두움이 사라지기를 명한다!

그리고 큰 소리로 찬양을 드리십시오.
당신은 뭔가 후련한 느낌을 얻게 될 것입니다.
그 느낌이 악한 영들이 사라진 유일한 표적은 아닙니다.
그러나 분명한 것은 우리는 권세를 가지고 있으며

속지만 않는다면
우리는 그들을 항상 이길 수 있다는 것입니다.

악한 기운이 느껴질 때
그들의 방해가 감지될 때
당신의 권세를 사용하십시오.
그들을 결박하고 대적하십시오.

그들은 장난을 그만두고
당신의 주위에서 떠나갈 수밖에 없으며
당신은 해방되고 편안한 마음으로
주님께 나아갈 수 있을 것입니다.

우리는 권세를 가지고 있습니다.
그리고 그 권세를 사용함으로써
우리의 영혼은 더욱 더 발전해 갈 수 있을 것입니다.

93. 머리에 빛을 받으십시오.

모든 식물들은 뿌리를 땅에 두고 있습니다.
그래서 땅에다 뿌리를 박고
땅에서 수분과 영양분을 섭취합니다.
그러나 사람의 뿌리는 하늘에 있습니다.
그래서 머리를 통하여 하늘의 빛을 받으며
영계의 에너지를 수신합니다.

오순절 날에 각 사람의 머리 위에 하나님의 영이 머물러 있었던 것처럼
오늘날에도 우리 모두는 주님으로부터 빛을 받아야 합니다.
주님의 빛이 우리의 머리에 임할 때
우리는 머리가 시원해지거나 빛이 임하는 것 같은 느낌을 받게 됩니다.
환상을 보거나 머리가 아주 가벼워지는 것 같이 느껴지기도 합니다.
그것은 영계의 아름다운 빛이 머리를 통해서 수신되고 있는 것입니다.

우리는 흔히 "열 받았다" "화가 머리끝까지 올라갔다"는 말을 합니다.
그것은 머리에 나쁜 기운이 가득 차있는 것을 의미하는 것입니다.

오랫동안 일을 하고
주님과의, 하늘과의 교통이 막히게되면
머리가 피곤하고 혼미해집니다.
그렇게 머리가 멍- 해진 것은
영계의 교통이 부족한 것이며
나쁜 기운이 머리를 사로잡고 있는 것이므로
좋은 일이 생길 수 없습니다.
그러므로 우리는 머리의 청량하고 맑은 기운을
항상 유지해야 합니다.

머리를 맑아지게 하는 기도를 드리십시오.
주님께서 당신의 머리에 임하시고
맑고 아름다운 생기와 빛으로 채우시기를 기대하십시오.
조용히 기도하며 주님을 기다리면
머리가 시원해지며 가볍고 자유롭게 될 것입니다.
그것은 주님의 빛이 임하는 것입니다.

머리에 빛을 받으십시오.
그것은 천국의 빛이며 우리는 그 빛을 받을수록
자유롭고 아름답게 됩니다.
마음과 생각이 부드럽고 자유로와지며
신선한 기름부음 속에서 살게 됩니다.

그 빛의 역사를 경험한 후에는
사람들의 마음과 상태를 예민하게 느끼게 되며
조금만 원망하거나 남을 미워하게 되면
곧바로 머리가 막히고 혼미해지는 것을 느끼게 될 것입니다.

머리에 빛을 받으십시오.
주님의 빛이 항상 머리에 임하게 하십시오.
그러한 자유함의 경험은
당신의 영혼을 아름답게 만들며
더욱 더 주님 가까이에 이르게 해줄 것입니다.

94. 누워서 기도하십시오.

  사람들은 누워서 주님께 기도를 드리는 것이 불경한 것이라고 생각할 것입니다.
  그러나 아침에 눈이 떠지고 의식이 깨어나는 순간 그분의 임재 속에서 기도를 하는 것은 아름답고 행복한 일입니다.
  일어나서 세수를 하고 교회에 가려고 하는 동안 주님의 부드러운 임재는 소멸되기 쉬울 것입니다.
  그러므로 이불 속에서 그 상태 그대로 주님을 부르고 기도를 드리는 것은 자연스럽고 즐거운 일입니다.

  또한 기도를 드리며 우리는 누워있을 필요가 있습니다.
우리의 영이 열려지고
주님이 강력하게 임하실 때
우리는 앉아있기가 힘들어집니다.
우리는 어지럽고 힘이 빠져서 누워있게 됩니다.
그럴 때 억지로 앉아있지 말고
조용히 누워서 주님 안에서 안식하십시오.
무엇을 구하며 무엇을 하려고 하지 말고
그저 조용히 주님의 역사하심을 기다리십시오.

  환자가 몸이 불편해서 의사에게 가서 치료를 받을 때도 조용히 의사에게 자신의 몸을 맡기게 됩니다.

그런데 병의 상태가 중해서 깊은 치료가 필요할 때는
누워서 마취된 상태로 수술을 받게 됩니다.
그와 같이 영혼의 의사이신 주님께
당신의 몸을 맡기십시오.

그분의 임재와 평화가 당신에게 임하도록
주님을 조용히 기다리십시오.

누워있는 자세는 주님의 임재를 누릴 수 있는
가장 쉬운 자세입니다.
영이 민감하지 않은 사람은 아마 잠이 들어버릴지도 모릅니다.
그러나 별로 염려하지 마십시오.
잠이 들면 다시 일어나 기도를 드리면 되며
주님 안에서의 잠도 좋은 휴식이기 때문입니다.

기도는 처음에는 우리가 적극적으로 기도를 시작하지만
기도가 차츰 진행되면서 주님이 적극적으로 임하시면
우리는 수동적인 상태가 됩니다.
무엇을 구하고 말하기 보다
그저 조용히 주님이 보여주시는 것을 보고 주님이 느끼도록 허용하시는 것을 느끼게 되며 주님과의 만남 자체를 즐기게 됩니다.

주님 안에서 조용히 누우십시오.
안식하십시오.
얼마의 시간이 흐르고 당신이 일어났을 때
당신은 평화로움과 행복에 대해서, 주님의 임재에 대해서
좀 더 예민하게 될 것입니다.

95. 배의 기도를 드리십시오.

배의 기도는 기도의 기초이며 권능적인 기도입니다.
이것은 부르짖는 기도이며 배와 관련된 기도입니다.
이것은 악한 영들의 세력을 초토화시키며 기도하는 사람을
강하고 담대하게 만들어 줍니다.

배의 기도를 알지 못하는 사람은
배에 힘이 없고 영적 권위가 없으며
활동력이 부족하고 자기의 영을 잘 방어하지 못하며
상처를 쉽게 받고 거절을 못하며
남의 눈치를 많이 보고 끌려 다닙니다.
귀가 얇아서 남의 말을 잘 듣지만
끈기가 없어서 오래 유지하지 못합니다.

보다 강하고 자유로운 삶을 위하여
배의 기도를 훈련하십시오.
배에 강하게 힘을 주고 기도하십시오.
단순하고 강하게 기도하십시오.
복잡하고 논리적으로 기도를 만들어가지 말고
단순하고 반복적인 기도를 하십시오.

배가 강해지면 기쁨과 자유와 담대함이 생기며
배가 약하면 어둡고 비관적이고 무기력해집니다.

이것은 깊은 기도는 아니지만
이 기도를 알지 못하면 자유함을 누리기가 어렵습니다.

배에 힘을 주고
마음을 배에 집중하며
낮은 음성으로
부르짖어 기도하며
주님께 그분의 약속하신 권능을 달라고 기도하십시오.
기도가 거듭될수록
당신의 언어에는 힘과 권세가 흘러나오게 되며
상대의 영을 제압하고
상대의 영속에 흘러 들러갈 수 있습니다.
배기도에 숙달된 사역자는
아주 단순한 말로도 청중을 사로잡으며
사람들을 모두 이끌고
주님을 향해서 함께 나아갈 수 있습니다.

배의 기도를 훈련하여 강력한 주님의 군사가 되십시오.
이것은 기도의 기초이며 단순한 것이지만
이 단계를 초월하여 깊은 곳으로 가는 것은 위험합니다.

그런 사람들은 영적 전쟁의 실제에 대하여 잘 모르며
사역 중에 상처받고 시험들며

사람에 대하여 판단할 뿐
그 배후의 영에 대하여 잘 모릅니다.
우리는 모두 기도의 기초와 권능에 대하여 알아야 하며
강하고 자유로운 주님의 사람이 되어야 하는 것입니다.

96. 심장 기도를 드리십시오.

배의 기도는 권능의 기도이며
심장 기도는 사랑과 부드러움과 달콤함의 기도입니다.
심장 기도는 마음과 감정을 주님께 쏟아 붓는 기도이며
주님의 향기로운 사랑과 임재와 부드러움
꿀과 같은 달콤함을 경험하는 기도입니다.

이 기도를 경험할수록 사람은 아름답고 부드러워지며
주님의 향기와 사랑의 통로가 됩니다.
심장기도를 할수록 심장이 열려서
주님의 향취가 심장에 임하게 됩니다.

이 기도에 대하여 잘 모르거나 경험하지 않은 사람은
자신의 감정을 잘 콘트롤하지 못하며
사람의 애정에 깊이 빠지게 됩니다.
자신의 애호와 취향에서 자유롭지 못하며
자기의 성향을 잘 벗지 못합니다.

배의 기도를 통하여 배가 열리고 권능이 임한 사람에게
사람들은 힘과 자신감을 전수받지만
심장이 열려 사랑의 통로가 된 사람에게
사람들은 기쁨과 행복을 얻게 됩니다.

마음의 중심을 심장에 두고
조용히 주님을 마시십시오.
배의 기도는 강한 기도이지만
심장 기도는 고요하고 부드러운 기도입니다.

배의 기도는 주로 입을 사용하지만
심장 기도는 주로 코를 사용하여
주님을 마시는 것입니다.

당신의 감정, 마음이 상했을 때
그것은 심장 기도를 배우기 좋은 때입니다.
왜냐하면 사람의 감정적인 소유와 집착을 깨뜨리기 위해서
상처와 고통이 주어지기 때문에
사람에게 상처받고 심장이 비워져 있을 때
주님의 심장을 받을 수 있는
가장 좋은 기회이기 때문입니다.

야곱이 라헬과 사랑에 빠져있을 때
주님과 아주 먼 곳에 있었던 것처럼
연인과의 사랑의 행복에 빠져있는 사람은
심장 기도를 배울 수 없습니다.
당신이 심장 기도를 경험하고
주님의 심장을 받기 시작할수록

당신은 주님을 마치 애인과 같이 느끼게 됩니다.
당신은 오직 그분을 알기 원하며
주님을 기쁘시게 할 수 있도록
모든 것을 다 하려고 하게 됩니다.

그것은 종이나 제자와 다른 것입니다.
제자나 종은 주인에게 안기기를 원치 않지만
신부는 안기고 싶어합니다.

심장 기도를 드릴수록 당신의 감정은 정화되며
당신의 안에 있는 감정적인 집착과 육적인 애정들이
지옥적인 사랑임을 보게 됩니다.
그리하여 오직 사랑의 대상은 이 우주 안에
주님뿐인 것을 알게 되며
그리하여 오직 주님만을 사랑하며
그리고 주님의 사랑으로
모든 이들을 사랑하기를 원하게 됩니다.

심장 기도를 배우십시오.
당신의 심장에 주님을 마시고 호흡하며
주님의 기운으로 가득하게 채우십시오.
밤에, 새벽에, 잠시 잠이 깬 밤중에, 꿈속에서도
오직 주님을 들여 마시십시오.

그분의 성분이 당신을 온전히 사로잡히게 하십시오.
그것은 거룩하고 놀라운 경험이며
영광스러운 경험입니다.
그것을 경험한 사람은
세상의 육적인 쾌락들이 너무나 낮은 것으로 느껴집니다.

심장 기도는 주님과의 사랑에 빠지는 기도이며
진정한 천국으로 이르는 기도입니다.
그 세계를 경험하게 될 때
우리 모두는
오직 주님을 얻는 것과
오직 주님의 기뻐하심 외에는
아무 것도 구하지 않게 될 것입니다.
왜냐하면
그분의 사랑은
모든 것을 만족시키기 때문입니다.

97. 머리의 기도를 드리십시오.

머리의 기도는 뇌를 열어서 영계의 빛을 경험하는 기도입니다.
식물의 뿌리는 땅에 있어서
땅속에다 뿌리는 내리고 땅의 수분과 양분을 섭취하지만
사람의 뿌리는 하늘에 있으며
머리를 통하여 영계의 빛과 진리를 받아들입니다.

배의 기도는 배를 열어서
권능을 경험하게 하며
심장 기도는 심장을 열어서
주의 사랑을 경험하게 하며
뇌의 기도는 뇌를 열어서
영계의 빛과 진리를 경험하게 합니다.

사람은 타락하여 주님과의 교제가 끊어져서
어두움의 영들에게 속고 사로잡히게 되었고
사람의 생각은 어두워졌으며
마음도 행동도 어두워졌습니다.
그러나 주님과의 교제가 회복되며 기도와 영이 회복됨으로
사람은 다시 뇌가 열리고 영계가 열리며
지혜와 진리가 회복되는 것입니다.

뇌의 기도는 머리를 열어 영계의 여러 비밀들을 알게 합니다.
이 기도는 여러 신비 체험과 황홀경, 엑스타시에 빠지게 하므로 말씀과 헌신, 자기 부인과 십자가 통과의 경험, 성숙이 어느 정도 되어있지 않은 사람은 이 기도를 지나치게 많이 하면 위험할 수 있습니다.
하루종일 몽환 상태에 빠질 수 있으며 미혹의 영들에게 속임을 당할 수 있습니다.
그러므로 뇌의 기도 이전에 마음과 생각이 정화되는 것이 필요합니다.

이 기도는 새로운 자유를 경험시켜 줍니다.
그리고 우리의 의식과 사고가 얼마나 낮은 차원에 있는지를 보여줍니다.
그러나 아무나 섣불리 뇌의 기도에 들어가서는 안됩니다.
사람은 생명나무를 먹기 전에 진리와 지식의 나무를 취하려 하다가 멸망하였습니다.
그러므로 생명의 충만한 경험이 없이 빛을 경험하는 것은 두려운 일입니다.
준비되지 않은 영혼들이 뉴 에이지의 영에 속아서 많은 미혹된 경험을 하게 되는 것입니다.

그러므로 사람은 자신의 영적 생명의 수준만큼 빛을 경험해야 합니다.

그리고 그 빛이 주님의 빛이며 바른 빛이라면
그 빛의 분량만큼 사람은 새롭게 되고
성장해갈 수 있는 것입니다.
빛이 비췰수록 사람은 자신의 상태를 보게 되고
어둠에서 벗어나 자유롭게 됩니다.

사람은 빛을 잃었으므로 머리가 복잡하고 산만하며
어둡고 무겁습니다.
그러나 빛을 받게 될 때 그는 점차 머리가 맑아지며
영들의 세계에 대하여 예민해지게 되므로
어둠의 생각, 어둠의 영들이 들어올 때
그것을 금방 감지하게 됩니다.

머리를 여는 기도를 위하여
머리를 잔잔하게 하십시오.
머리를 주님께 맡기고
주님의 임재와 빛이 머리를 감싸도록 요청하십시오.

배의 기도는 입의 기도이고 몸의 기도이며
심장의 기도는 코의 기도이며 호흡의 기도이지만
머리의 기도는 침묵과 명상의 기도이며
수동적으로 주님께 맡겨지는 기도입니다.

이 기도는 그저 조용히 주님께 자신을 의탁하며
기다릴 수 있을 뿐입니다.
이 기도가 수동적인 기도이므로
권능과 사랑의 기도를 충분히 통과하지 않은 분들이 이 기도를 드리면
눌리고 무기력해질 수 있습니다.

이 기도를 조금씩 맛보게 되면
사람은 주님의 빛이 자신을 감싸고 있는 것을
보고 느끼게 됩니다.
그는 진리에 대한 인식이 점점 예리해지게 되며
영의 세계에 대한 인식과 감각이 점점 섬세해집니다.
그의 의식수준은 점차 물질계에서 초월하게 되며
영적 세계의 가치관으로 바뀌어지게 됩니다.
그는 사람의 상태에 대하여 점점 더 예민해지게 되며
사람의 생각의 어두움들을 쉽게 느끼게 됩니다.

그러나 일시적으로 육체가 무력해지고 악몽에 시달리는 등
어려움을 겪을 수 있기 때문에
여기에는 조심과 균형이 필요합니다.

조금씩 조금씩
주님의 빛을 경험하십시오.

뇌가 열려서
천국의 빛과 영광을 맛보도록 하십시오.
이 땅에서의 진정한 자유는 육체와 욕망을 초월하는 것이며
뇌의 기도는 그러한 자유를 도와줍니다.

이 기도는 깊은 기도입니다.
이 기도를 하다보면 여러 다양한 경험을 하게 됩니다.
그러나 이 기도에 너무 깊이 빠지면
육이 무기력해지거나 많은 휴유증이 생길 수 있습니다.
그러므로 육이 너무 약해지면 다시 배의 기도로,
또한 너무 건조해지면 심장기도로 다시 돌아가야 합니다.
그렇게 해서 영의 균형을 잡아야 합니다.

권능의 기도, 사랑과 생명의 기도, 빛과 진리의 기도…
그렇게 아름다운 주님, 영광의 천국을 향하여
균형을 이루어가며 발전해 나가십시오.

그분의 영광에, 천국의 영광에 사로잡힐수록
사람들이 목숨을 걸고 추구하는 것들이
너무 유치한 것들이며
진정한 행복이 아닌 것임을 알게 됩니다.
그리하여 우리의 마음은
오직 주님 자신을 알아 가는 것과

주님의 뜻이 이 땅에 이루어지는 것에 대한 열망으로 가득 차게 되는 것입니다.

98. 배에 불을 받으십시오.

성령님의 역사는 불과 바람과 빛이며
그것은 배의 기도와 심장의 기도와 뇌의 기도와
관련되어 있습니다.
그것은 주님의 권능과 사랑과 지혜와 관련이 있습니다.
주님은 지옥을 불로써 통치하시며
천국을 빛으로써 통치하십니다.
우리는 불과 바람과 빛을 다같이 경험해야 하며
그것은 우리의 영혼을 조화롭게 성장시켜줍니다.

부르짖어 기도하면 권능이 오며
배가 뜨거워지게 됩니다.
배에 불을 받으십시오.
주님의 권능이 배에 임하여
배에 충만한 뜨거움과 능력이 나타나게 하십시오.
배에 생수가 임하는 것처럼
뜨거우면서도 시원하며
강력한 기운이 임하도록 기다리십시오.

배에 불이 모자란 사람은
활동력이 없고 자신감이 없으며
영적인 전쟁에 승리하지 못합니다.

그 불의 역사가 배에 충만하도록
주님의 역사를 구하십시오.

담대하고 크게 외치십시오.
그것은 조용하고 잔잔한 기도가 아니라
사자처럼 강력하게 외치는 기도입니다.
동물의 왕 사자가 크게 부르짖을 때
밀림 전체가 조용해지는 것처럼
유다 지파의 사자되신 주님의 영으로 크게 외칠 때
악한 세력들은 아주 조용해지게 됩니다.

아주 강력하게 크게 부르짖으십시오.
곧 당신은 강력한 불을 배에 느끼게 될 것이며
주님의 강력한 군사로 쓰여지게 될 것입니다.

99. 가슴에 바람을 받으십시오.

심장에 주님의 따스한 기운이 임하도록 하십시오.
가슴에 주님의 바람을 받으십시오.
가슴에 주님의 바람을 받지 못한 사람은
주님을 사랑하지 않으며
항상 허전하고 허무하여 세상의 희락을 구하게 됩니다.

그러나 심장에 주님의 바람, 주님의 기운을 마신 사람은
그 기운이 너무나 달콤하고 행복하여
다시는 허탈한 세상의 영광을 구하지 않습니다.

무엇에 빠지고 중독이 잘 되는 사람들...
연애에 빠지고 술에 빠지며 쇼핑에 빠지고
오락에 빠지고 연속극에 빠진 사람들..
하나같이 가슴이 공허한 사람들입니다.

당신의 가슴에 주님의 바람을 채우십시오.
그저 단순히 주님을 마시고
주님의 기운을 당신의 폐에 받아들이십시오.
그저 단순히 주의 이름을 부르고
주님을 생각하여
그분의 바람을 당신의 속에 집어넣으십시오.

이 단순한 기도를 통하여
당신은 심령의 만족이 무엇인지 알게 됩니다.

당신의 가슴에 주님을 마시며
당신의 심령에 말씀의 기운을 채우십시오.
주의 임재의 바람으로 채우십시오.
당신의 가슴은 만족을 얻고 건강해지며
오직 그분의 사랑으로 채워지게 됩니다.
당신은 그의 사랑으로 만족하여
오직 그분을 더 구하고
그분의 사랑을 사람들에게 나누어주고 싶은
그 한가지 소망으로 채워지게 됩니다.

오직 한가지
당신의 가슴에
주님의 바람을 받으십시오.
그분은 바람으로 공기로 오시며
그 기운은 당신의 온 몸 구석을 채우고 채워
당신을 온전히 주님의 사람으로 변화되게 할 것입니다.

100. 눈에 빛을 받으십시오.

당신의 눈에 주님의 빛이 임하게 하십시오.
눈은 온 몸의 등불이며
눈이 어두우면 온 몸이 어둡습니다. (마6:22,23)

당신이 부르짖는 기도를 통과하였다면
당신은 배가 열려 권능이 임했을 것이며
당신이 마시는 기도를 통과하였다면
당신은 가슴이 열려 주님의 사랑을 맛보았을 것입니다.
또한 당신의 감정을 주님께 쏟아놓는 기도를
충분히 드렸다면
당신은 어느 정도 눈과 뇌가 열렸을 것입니다.

어느 정도 영이 열렸다면
눈을 감은 채로 눈앞의 세계를 응시하십시오.
그러면 눈 바로 앞에서 황금빛이 빛나는 것을
볼 수 있을 것입니다.
그것은 천국의 빛이며
그 빛을 바라볼 때에 그 빛은 당신에게 임하기 시작합니다.

그 빛이 당신에게 충만하게 임하도록
그 빛을 계속 바라보십시오.

그리고 그 빛이 당신의 안에 계속 흘러 들어오도록
조용히 기다리십시오.
그 빛은 움직이기 시작하며
그 가운데에 검은 점이 보이며
그 검은 점이 움직이면서
여러 가지 현상들이 나타나기 시작합니다.
당신은 그 현상들의 의미를 잘 알지 못하겠지만
그러나 그러한 응시는 당신의 영혼을 강건하게 해줍니다.

신비 현상 자체가 우리의 목표가 되는 것은 아닙니다.
그러나 주님은 그 영광의 빛을
우리에게 비춰주시기를 원하시며
그 빛이 우리에게 임할수록
우리는 변화됩니다.

우리는 빛의 세계를 거닐기도 하고
빛의 영계의 높은 계단을 오르기도 합니다.
우리가 빛을 지속적으로 경험할수록
우리는 말씀이 그 자체가 빛이며
우리에게 생명과 감동과 전율을 주는 것을 알게 됩니다.

우리의 영은 점점 더 민감해져서
사람들의 영을 느끼고 분별하게 되며

어떤 장소에 가든지 그 장소에 있는 영을 느끼며
어떤 책을 보든지 그 책의 영적인 파장과 수준을 알게 됩니다.

빛의 경험은 우리를 주님의 세계로 이끌어줍니다.
그 빛은 우리의 상태를 보여주며
우리의 동기를 보여주고 정화시켜줍니다.

당신의 뇌에
당신의 눈에
빛을 받으십시오.
주님의 황금빛이
당신의 온 몸, 영혼을 사로잡게 하십시오.
그 빛에 감싸여
당신의 영혼은 오직 주를 향해 날게 될 것이며
그 천국의 영광을 더욱 더 구하게 될 것입니다.

그리고 그 빛에 사로잡힐 때에
이 세상의 허무한 영광은
너무도 비참하게 느껴질 것입니다.

그 빛을 사모하십시오.
주님은 바로 그 빛이시며

빛으로 우리에게 임하시고
우리를 충만하게 채우시는 것입니다.
그 빛으로 우리가 채워질 때에
우리는 천국의 영광을
부분적으로 맛보게 될 것입니다.

마지막 권면

자. 이제 모든 이야기를 마쳤습니다.

당신은 아마 어느 정도의 들뜬 마음과 주님의 임재를 경험하게 되었는지도 모르지요.

하지만 중요한 것은 지금부터입니다.

여기에 기록한 방법들은 아주 간단하고 쉬운 것들이지요..

주님께 가까이 나아가고 그분의 임재를 경험하기 위하여 우리는 이러한 간단한 방법들을 그저 이해하고 지나가지 말고 실제로 기도하고 훈련하는 것이 필요합니다.

어떤 지식 그 자체는 우리의 영혼에 그다지 도움이 되지 않으며 수 많은 방법을 알고 있는 것보다 한 두가지를 확실하게 훈련하고 경험하는 것이 더 우리 자신에게 유익이 될 수 있으니까요..

각자의 영혼의 상태와 기질은 다 다릅니다.

그러므로 이것 저것을 시도해보시면 아마 자신에게 가장 재미있고 가장 하기 쉬운 방법을 찾을 수 있을 것입니다.

그러면 그것을 자기의 것으로 만들어 소화하는 것이 좋을 것입니다.

우리에게는 주님을 가까이 경험하고 주님의 더 깊은 임재를 추구하는 것이 필요합니다.
그것은 단순히 황홀한 느낌을 맛보고 기분이 즐겁게 하기 위한 것은 아닙니다.
우리는 이러한 주님과의 실제적인 접촉, 경험을 통해서 우리는 주님이 얼마나 가까우신 분인지 알게 됩니다.
그리고 그분과의 만남이 얼마나 행복하고 아름다운 것인지를 좀 더 깨닫게 됩니다.
그리하여 주님의 사람이 되어 가는 기쁨을 누리게 되고 주님의 종으로서 살기를 원하게 되며 주님의 뜻을 이루기 위하여 즐겁게 자신을 내어주게 되는 것입니다.

주님을 알아가고 추구하는 것은 수단이 아닙니다.
그분은 목적이시며 모든 것입니다.
그러므로 우리가 주님을 사랑하며
더 깊이 알기를 원하여 그분께 나아갈 때
우리는 진정 행복한 사람인 것입니다.
우리의 영혼이 점점 더 열리고
주님의 영광과 거룩하심에 점점 더 가까이 나아갈 때
그것은 은혜이며 영광이며 행복입니다.
그리고 우리는 그 기쁨을
아무에게도 빼앗기지 않을 것입니다.

도서구입신청

도서 구입을 원하시는 분들을 위한 안내입니다.

1. 도서 목록 확인

페이지를 넘기시면 정원 목사님의 도서 전권이 안내되어있습니다.
도서 목록을 참조하셔서 필요로 하시는 책을 선택하십시오.
각 도서의 자세한 목차와 내용을 원하시면 정원목사 독자 모임 카페의 [저자 및 저서소개] 코너를 참조하십시오. (http://cafe.daum.net/garden500)

2. 책신청

구입하실 도서를 결정하신 후에, 영성의 숲 출판사로 전화를 주세요.
(02-355-7526 / 010-9176-7526. 통화시간: 월~금 오전 9시~저녁 7시)
신청 도서 목록을 알려주시면 입금하실 금액을 안내해 드립니다.
신청하실 때는 책을 받으실 주소와 전화번호를 함께 알려주세요.
책신청은 전화 외에도 영성의 숲 홈페이지의 [책신청] 코너,
출판사 이메일(spiritforest@hanmail.net)을 사용하실 수 있습니다.

3. 송금

안내 받으신 도서 대금을 아래 계좌로 입금해 주세요.
(국민은행: 461901-01-019724, 우체국: 013649-02-049367, 예금주: 이혜경)
신청자 성함과 입금자 성함이 일치하지 않는 경우에는 입금자 성함을
꼭 알려주셔야 확인이 가능합니다.

4. 배송

입금 확인 후에 바로 발송 작업을 하는데, 발송후 도착까지 보통 2-3일 정도가 소요 됩니다. 책을 급하게 필요로 하실 경우에는 일반 서점을 이용해 주세요. 해외 배송을 원하시는 분은 총판을 담당하고 있는 생명의 말씀사로 문의해주시기 바랍니다. (생명의 말씀사 080-022-1211 www.lifebook.co.kr)

<기도 시리즈>

1. 하늘의 권능이 임하는 부르짖는 기도 1
영성의 숲. 373쪽. 13,000원 / 핸디북 10,000원
부르짖는 기도는 모든 기도의 형태 중에서 가장 기본적이고 중요한 기도입니다. 이 기도를 바르게 배우고 적용한다면 하늘의 권능이 임하는 것을 경험하게 되며 모든 면에서 강건한 그리스도인이 될수 있을 것입니다.

2. 하늘의 권능이 임하는 부르짖는 기도 2
영성의 숲. 444쪽. 15,000원 / 핸디북 11,000원
부르짖는 기도 1권은 발성의 의미, 능력과 부르짖는 기도의 전체적인 원리를 다루 었으며 2권은 부르짖는 기도의 실제로서 구체적인 기도의 방법과 적용원리를 다루고 있습니다. 3부에 수록된 다양한 승리의 간증은 독자님들에게 좋은 도전이 될 것입니다.

3. 대적기도의 원리와 능력
영성의 숲. 400쪽. 14,000원 / 핸디북 11,000원
대적기도 시리즈 1편. 대적기도는 주님께 간구하는 기도가 아니며 우리에게 주어진 권세와 능력을 발견하고 사용하여 능력과 승리를 경험하는 기도입니다. 이 기도를 알게 될 때 당신의 삶은 진정 달라지게 될 것입니다.
휴대를 위한 작은 사이즈의 핸디북도 있습니다.

4. 대적기도의 적용 원리
영성의 숲. 424쪽. 14,000원 / 핸디북11,000원
대적기도 시리즈 2편. 대적기도에도 원리와 법칙이 있습니다. 그 원리와 법칙을 잘 익혀서 실제의 삶에 적용한다면 우리는 풍성한 삶을 살 수 있습니다. 이 책에서는 그 원리들을 구체적으로 제시해 주고 있습니다.
휴대를 위한 작은 사이즈의 핸디북도 있습니다.

5. 대적기도를 통한 승리의 삶
영성의 숲. 452쪽. 15,000원 / 핸디북 12,000원
대적기도 시리즈 3편. 대적기도를 인간관계, 가정에서의 삶, 복음 전도와 사역에 구체적으로 적용하는 방법을 제시하였습니다. 여기서 제시된 원리를 잘 읽고 적용한다면 삶과 사역에 있어서 많은 변화와 승리를 경험할 수 있게 될 것입니다.
휴대를 위한 작은 사이즈의 핸디북도 있습니다.

6. 대적기도의 근본적인 승리 비결
영성의 숲. 454쪽. 15,000원 / 핸디북 12,000원
대적기도 시리즈 4편. 완결편. 1부에서는 악한 영들을 근본적으로 완전하게 제압하고 승리할 수 있는 원리와 비결을 제시하고 있습니다. 2부에서는 대적기도를 적용하고 경험한 성도들의 사례가 실려 있는데 이것은 각 사람의 적용과 승리에 좋은 참고가 될 수 있을 것입니다. 휴대를 위한 작은 사이즈의 핸디북도 있습니다.

7. 아름답고 행복한 기도의 세계
영성의 숲. 279쪽. 9,000원
〈기도업데이트〉의 개정판. 자연스럽고 편안하게 기도의 아름다움과 행복에 잠길 수 있도록 돕는 책입니다. 기다리는 기도, 듣는 기도, 안식하는 기도 등 다양하고 풍성한 기도의 원리들을 일상의 예화들을 통하여 쉽게 정리하였습니다.

8. 주님의 마음에 이르는 기도
영성의 숲. 309쪽. 10,000원
기도의 원리와 방법에 대한 200개의 조언을 담았습니다. 주님의 마음을 향하여 가는 것. 그것이 기도의 방향이며 목적임을 보여주는 책입니다.

9. 주님의 임재를 경험하는 길
영성의 숲. 308쪽. 10,000원
〈주님을 경험하는 100가지 방법〉의 개정판. 주님의 살아계심과 임재를 경험하기 위한 100가지의 실제적인 방법을 제시하고 있습니다. 사모하는 마음으로 이 방법들을 시도한다면 누구나 쉽게 그분의 역사를 경험하게 될 것입니다.

10. 예수 호흡기도
영성의 숲. 460쪽. 15,000원 / 핸디북 11,000원
호흡을 통한 기도가 주님의 임재와 영적 실제에 들어가는 중요한 비밀이며 열쇠임을 보여주는 책입니다. 이 책에 제시된 원리와 방법을 충실히 시도해 본다면 누구나 놀라운 변화를 경험하게 될 것입니다.

11. 방언기도의 은혜와 능력 1
영성의 숲. 459쪽. 16,000원 / 핸디북 12,000원
방언기도 시리즈 1편. 방언에 대한 성경적이고 균형잡힌 설명 뿐 아니라, 저자의 개인적인 경험과 간증, 방언을 받는 과정과 통역을 시도하는 과정에 대한 구체적인 설명, 여러 경험자들의 실례가 풍성하게 실려있어, 방언의 은혜에 대해 이해하고 적용하는 데에 실제적인 도움을 주는 책입니다.

12. 방언기도의 은혜와 능력 2
영성의 숲 403쪽. 14,000원 / 핸디북 11,000원
방언기도 2편에서는 방언과 통역이 발전해 나가는 과정과 그 영적인 의미를 깊이있게 다루었습니다. 방언의 가치와 의미를 바르게 이해하고 적용하게 될 때, 오래 동안 방언을 사용하면서도 주님의 은총를 누리지 못하던 이들이 주님의 가까우심과 아름다우심을 풍성히 경험하게 될 것입니다.

13. 방언기도의 은혜와 능력 3
영성의 숲 489쪽. 16,000원 / 핸디북 12,000원
방언 기도 시리즈의 결론적인 부분을 다룬 책입니다. 방언에 대한 부정적인 견해와 원인들, 방언을 통해 어떻게 부흥이 시작되는지, 은사의 바른 방향과 의미, 목적 등을 정리하였고, 전체적인 요약정리와 함께 경험자들의 구체적인 사례들을 첨부하여 실제적인 적용에 도움이 되도록 하였습니다.

<영성 시리즈>

1. 영성의 실제를 경험하는 길
영성의 숲. 357쪽. 12,000원
〈그리스도인의 아름다운 영성〉의 개정판.
많은 은혜의 도구들이 있지만 그것들이 다 주님을 접촉하는 것은 아닙니다. 참다운 영성과 주님을 경험하는 원리를 제시하는 책입니다.

2. 생각의 자유를 경험하는 길
영성의 숲. 228쪽. 8,000원
〈그리스도인의 생각 다스리기〉의 개정판. 우리가 겪는 삶의 대부분의 고통들은 스스로 만들어낸 생각의 감옥에 지나지 않으며 생각을 분별하고 관리함으로써 풍성하고 행복한 삶을 살 수 있다는 메시지를 다양한 예화와 함께 설득력 있게 제시하고 있습니다. 많은 교회에서 훈련 교재로 사용되기도 했습니다.

3. 영성의 중심은 사랑입니다
영성의 숲. 243쪽. 8,000원
하나님의 은혜를 받아들이고 누림으로써 진정한 사랑과 따뜻함의 세계를 경험할 수 있도록 돕는 책. 신앙의 따뜻함과 아름다움을 회복하고, 영혼들을 이해하고 도울 수 있는 관점을 제시하고 있습니다.

4. 영성의 원리
영성의 숲. 319쪽. 11,000원
영성에도 원리가 있습니다. 이 책은 영성의 발전을 위한 다양한 원리들, 영의 흐름, 영의 인식, 영적 승리를 위한 중보 등의 원리를 실제적인 예와 함께 잘 설명해 줍니다. 영적 부흥과 충만함을 사모하는 이들에게 좋은 참고서가 될 수 있을 것입니다.

5. 문제는 주님의 음성입니다
영성의 숲. 227쪽. 9,000원
우리의 삶에 다가오는 여러가지 어려움들, 문제들은 우연이 아닙니다. 거기에는 주님의 배려와 가르치심이 있으며 반드시 우리가 배워야 할 것이 있습니다. 이 책은 그 문제들에서 주님의 뜻과 음성을 발견하는 원리를 가르쳐 주고 있습니다.

6. 영성의 발전은 어떻게 이루어지는가
영성의 숲. 254쪽. 8,000원
〈영성의 상담〉의 증보 개정판. 영성에 대한 여러 질문과 답변을 통해 다양한 영적현상의 의미와 삶 속에서 영적 성장을 이루는 구체적인 방법들을 소개하고 있습니다.

7. 지금 이 공간에 임하시는 주님
영성의 숲. 340쪽. 12,000원
주님은 믿을수 없을만큼 가까이 계시지만 사람들은 흔히 그분을 무시함으로 그의 임재를 소멸시킵니다. 이책은 그분의 가까우심과 구체적인 공간을 통한 임재, 나타나심을 경험할수 있도록 실제적인 지침을 제시하고 있습니다.

8. 심령이 약한 자의 승리하는 삶
영성의 숲. 228쪽. 9,000원
영혼의 힘이 약하고 마음이 여리고 민감하여 고통을 겪고 있는 이들을 위한 책. 영혼의 원리 및 기질과 사명을 이해함으로써 이전에 알지 못했던 자유와 해방과 놀라운 행복감을 누리게 될 것입니다.

9. 천국의 중심원리
영성의 숲. 452쪽. 14,000원
천국은 사후에만 갈 수 있는 장소가 아닙니다. 이 땅에 살면서 천국의 임재, 그 천국의 빛과 영광을 경험할 수 있습니다. 이 책에서는 내면세계의 천국을 경험하기 위한 길과 원리를 제시해 주고 있습니다.

10. 행복한 신앙을 위한 28가지 조언
영성의 숲. 348쪽. 12,000원
〈자유롭고 행복한 그리스도인 1〉의 개정판. 묶여 있고 창백한 의식의 틀을 벗어나, 자유롭고 풍성한 믿음의 삶으로 나아가도록 돕는 책입니다. 28가지 조언속에 행복한 신앙을 위한 영적 원리들을 담고 있습니다.

11. 성숙한 신앙을 위한 30가지 조언
영성의 숲. 340쪽. 12,000원
〈자유롭고 행복한 그리스도인2〉의 개정판. 의식이 바뀔 때 천국의 자유와 기쁨을 누릴 수 있음을 보여주는 책입니다. 묶여있는 사고와 습관, 잘못된 의식에서 해방되는 원리를 제시해 주고 있습니다.

12. 의식의 깨어남을 사모하라
영성의 숲. 239쪽. 9,000원
잠과 꿈과 깨어남의 실체를 보여주며 진정한 깨어있음의 세계로 인도하는 책입니다.
의식과 영혼을 깨우기 위한 방법과 원리들을 제시해 주고 있습니다.

13. 주님의 마음, 주님의 임재 속으로
영성의 숲. 348쪽. 12,000원
오늘날 주님의 마음에 대한 많은 오해가 있어서 주님의 깊으신 임재에 들어가지 못합니다. 이 책은 그 오해를 풀어주며 우리를 향한 주님의 사랑을 보여주고 그 사랑의 임재 속에 들어가는 길을 안내해주고 있습니다.

14. 영성의 발전을 갈망하라
영성의 숲. 292쪽. 10,000원
영성의 진리 시리즈 1편. 영성을 깨우고 발전시킬 수 있는 다양한 이야기, 원리, 법칙들을 묶은 36가지의 메시지가 수록되어 있습니다. 영혼의 각성에 도움이 되는 지식과 도전을 얻게 될 것입니다.

15. 집회에서 흐르는 주님의 은혜
영성의 숲. 254쪽. 8,000원
이미 출간되었던 [집회 가운데 임하시는 주님]을 새롭게 개정하였습니다. 회원들의 간증을 줄이고 더 많은 분량을 추가하였습니다. 집회 가운데 나타나는 주님의 생생한 역사와 이에 관련된 여러 영적 원리를 기술하였습니다. 읽을수록 집회 현장에 있는 듯한 감동과 은혜를 얻을 수 있을 것입니다. 은혜를 사모하는 이들, 영성 사역에 관심이 있는 사역자들에게 좋은 참고가 될 것입니다.

16. 삶을 변화시키는 생명의 원리
영성의 숲. 348쪽. 값 12,000원
삶 속에서 열매를 맺을 수 있는 비결과 원리를 시편 1편의 말씀과 요한복음 15장의 말씀을 중심으로 제시하고 있습니다. 포도나무이신 주님과 가지로서 항상 연결되는 삶이 열매를 맺는 원리이며 은총의 비결인 것을 명쾌한 논지로 설명하고 있습니다. 신앙의 기초와 방향을 분명히 밝히는 책으로서 풍성한 삶과 승리하는 삶을 갈망하는 그리스도인들에게 귀한 도전이 될 것입니다.

17. 낮아짐의 은혜1
영성의 숲. 308쪽. 값 11,000원
쉽게 하나님의 임재를 경험하며 그 은혜 가운데 머무르는 사람이 있습니다. 그 은총의 비밀은 무엇일까요? 그것은 바로 낮아짐이며 이를 통하여 주의 무한한 은혜와 천국의 풍성함을 누릴 수 있음을 본서는 증명합니다. 사람을 파괴하는 높아짐의 시작과 타락, 은혜의 회복, 열매의 풍성함 등을 다루고 있으며 누구나 그 은혜의 세계에 쉽게 이르도록 길을 제시하고 있습니다.

18. 낮아짐의 은혜 2
영성의 숲. 388쪽. 값 14,000원
낮아짐은 감추어진 비밀이며 천국의 문을 여는 보화입니다. 마귀는 낮아짐을 빼앗을 때 그 영혼을 사로잡을 수 있으므로 온갖 유혹으로 이 보화를 가로챕니다. 하나님은 천국의 풍성함을 주시기 위하여 낮아짐을 훈련하시며 인도하십니다. 2권은 적용을 주로 다루며 구체적으로 풍성한 은총을 누릴 수 있도록 권면하고 있습니다.

19. 그리스도를 갈망하는 삶
영성의 숲. 268쪽. 값 10,000원
부흥과 영적 깨어남, 영성의 다양한 원리에 대한 이야기. 삶 속의 이야기와 함께 자연스럽게 풀어서 정리하였습니다. 일상의 사소한 삶에서 영적 원리를 발견하고 적용하도록 도우며 그리스도에 대한 갈망이 증가되도록 도전하고 있습니다.

20. 영이 깨어날수록 천국을 누린다
영성의 숲. 236쪽. 값 8,000원
독자들과 일대일로 마주 앉아서 대화를 하듯이 영적 성장과 풍성한 삶을 누리는 원리에 대해서 메시지를 전달하고 있습니다. 사랑하는 삶, 영성의 깨어남에 대한 새로운 통찰력을 제공해주며 기쁨으로 주님을 따르는 길을 제시해줍니다.

<생활 영성 시리즈>

1. 주님과 차 한잔을
영성의 숲. 220쪽. 6,000원
신앙의 귀한 진리들, 주님을 사모하고 가까이 나아가는 데 도움이 되는 원리들을 유머를 통해 밝고 즐겁게 전달해주는 책입니다.
주님과 같이 차를 한잔 마시는 기분으로 부담없이 읽다 보면 자연스럽게 영적 통찰을 얻을 수 있을 것입니다.

2. 일상의 삶에서 주님을 의식하기
영성의 숲. 280쪽. 8,000원
일상의 사소한 삶 속에서 주님을 의식하며 살아가는 이야기. 신앙과 영성은 기도할 때만이 아니라 일상의 모든 삶 속에서 나타나야 한다. 작고 사소한 모든 일에서 주님을 의식하는 것이 진정한 행복의 원리인 것을 이 책은 보여주고 있습니다.

3. 일상에서 경험하는 주님의 사랑
영성의 숲. 277쪽. 8,000원
일상의 묵상 시리즈 2편. 사소한 일상의 삶에서 주님의 임재와 사랑을 느끼고 주님의 메시지를 경험하는 이야기. 항상 모든 것에서 주님의 마음과 시선으로 삶과 사람을 보고 느껴야 하며 이를 통해서 날마다 천국을 경험할 수 있음을 사소한 삶의 이야기를 통하여 부드럽게 전달해주고 있습니다.

4. 삶이 가르치는 지혜
영성의 숲. 212쪽. 6,000원
〈삶이 가르치는 지혜〉의 개정판. 우리의 삶에서 경험하는 많은 즐거운 일, 힘든 일들이 결국 우리 영혼의 성장을 위하여 주어진 일임을 보여줍니다. 가슴을 따뜻하게 하는 소박한 이야기들을 통해서 사랑의 중요성을 다시 한번 깨닫게 합니다.

5. 사랑의 나라로 가는 여행
영성의 숲. 156쪽. 5,000원
〈사랑의 나라〉의 개정판. 어른들을 위한 우화로서 한 청년이 여행을 통하여 삶의 목적과 방향을 깨달아 가는 과정이 흥미진진하게 전개되고 있습니다. 즐겁게 이야기를 읽어나가다보면 영적 성장의 방향과 중심, 영적 세계의 에너지와 원리, 흐름을 이해하는데 도움이 될 것입니다.

6. 하나님의 뜻을 발견해 가는 여행
영성의 숲. 269쪽. 신국판 변형 8,000원
성경에 등장하는 입다, 다윗, 암논의 삶과 사건들을 통하여 하나님의 아버지 마음과 하나님의 의도와 훈련을 이해하고 발견하도록 안내하는 책입니다. 등장인물들의 마음과 정서가 드라마처럼 녹아있어 흥미와 감동을 전달해 줍니다.

7. 일상에서 경험하는 주님의 은혜
영성의 숲. 253쪽. 값 8,000원
일상시리즈 3편입니다.
가족 이야기, 모임 이야기, 일상에서 경험하는 여러 가지 일들을 통해서 영적 원리와 교훈을 정리하였습니다.
일기와 이야기 형식으로 기록되어 있어서 즐겁게 읽는 가운데 주님과 같이 걷는 삶의 흐름 속으로 들어갈 수 있게 될 것입니다.

<묵상 시리즈>

1. 맑고 깊은 영성의 세계를 향하여
영성의 숲. 140쪽. 5,000원.
잠언시리즈 1편. 내 영혼의 잠언1을 판형을 바꾸어 새롭게 만들었습니다. 순결하고 맑은 영혼으로 성장하기 위한 진리의 묵상들이 간결하게 정리되어 있습니다.

2, 주님은 생수의 근원 입니다
영성의 숲. 196쪽. 6,000원
〈내 영혼의 잠언2〉의 개정판. 맑고 투명한 영성의 세계로 안내하는 영성 잠언집. 새벽녘의 신선하고 향긋한 바람처럼 우리 영혼을 달콤하게 채워주는 묵상의 글들을 모아서 정리했습니다.

3. 묻지 않는 자에게 해답을 던지지 말라
영성의 숲. 156쪽. 5,000원
삶과 사랑과 영혼의 진리를 담은 잠언 시집.
인생의 의미와 진리, 영성의 발전과정을 예리하면서도 부드러운 시각으로 표현하고 있습니다. 불신자에 대한 전도용으로도 좋은 책입니다.

4.영혼을 깨우는 지혜의 샘물
영성의 숲. 180쪽. 6,000원
〈영적 성숙으로 향하는 여행〉의 개정판
인생, 진리, 마음, 영성 등 중요한 8가지의 주제에 대한 짧은 묵상을 담았습니다. 맑은 샘물이 흐르듯이 간결한 지혜의 메시지가 영성을 일깨워주는 책입니다.

주님의 임재를 경험하는 길

1판 1쇄 발행	2001년 8월 20일
2판 1쇄 발행	2002년 1월 10일
2판 4쇄 발행	2004년 6월 10일
3판 1쇄 발행	2005년 8월 20일
3판 10쇄 발행	2017년 6월 10일
지은이	정원
펴낸이	이혜경
펴낸곳	영성의 숲
등록번호	2001. 7. 19 제 8-341 호
전화	02 - 355 - 7526 (영성의 숲)
핸드폰	010 - 9176 - 7526 (영성의 숲)
E - mail	spiritforest@hanmail.net (영성의 숲)
홈페이지	cafe.daum.net/garden500 (정원목사 독자 모임)
	cafe.naver.com/garden500 (정원목사 독자 모임)
국민은행	461901 - 01 - 019724
우체국	013649 - 02 - 049367
예금주	이혜경
총판	생명의 말씀사
전화	02 - 3159 - 8211
팩스	080 - 022 - 8585,6

값 10,000원
ISBN 89 - 90200 - 31 - 8 03230